RIVKAH

O INFINITO EU

18 HÁBITOS PARA EXPLORAR O SEU POTENCIAL

Editora InVerso

® 2022. Editora Inverso

R. Doutor Goulin, 1523 Alto da Glória
CEP 80040-280 Curitiba-PR
(41) 3254-1616 e (41) 3558-8001
editorainverso@editorainverso.com.br
www.editorainverso.com.br
Facebook.com/editorainverso
Instagram @editorainverso

COORDENAÇÃO EDITORIAL
Cristina Jones
Editora InVerso

CAPA, PROJETO GRÁFICO E DIREÇÃO DE ARTE
Adriane Baldini

REVISÃO
Letícia D. G. França

DADOS INTERNACIONAIS DE CATALOGAÇÃO NA PUBLICAÇÃO (CIP)
Mona Youssef Hammoud – CRB/ 9ª 1393

R196o

RANGEL, Rebecca. (Rivkah). **O infinito eu.**
Curitiba. Ed. InVerso, 2022
156 p. 15 x 21 cm - PTBR

ISBN: 978-85-5540-249-4

1. Autorrealização. 2. Possibilidades. 3. Habilidades.
4. Hábitos. 5. Atitudes. I.Título.

CDD: 658.2

Autorrealização: 658

Dedico este livro a Murilo Gun e Dani de Maria Gun.

Algumas pessoas fazem você acessar sua Infinita Potência só por estarem por perto. São pessoas que acolhem, honram e ajudam a descobrir e ser quem você é. Vocês, Murilo e Dani, são essas pessoas para mim. Quero que vocês sempre saibam como eu sou profundamente grata a vocês "apenas" por serem exatamente como vocês são, pois assim iluminam a vida tanto de pessoas que estão próximas quanto de muitas que nunca sequer conheceram vocês. Foi assim comigo: mesmo antes de conhecer vocês eu já sentia uma profunda conexão e gratidão, e muito mais depois.

Com amor,
Rivkah

SUMÁRIO

5 INTRODUÇÃO

10 INÍCIO

12 Renascimento

16 Sentido da vida

22 O infinito potencial

26 Filosofia natural humana

30 Tecnologia X Infinito Potencial

26 HÁBITOS

39 Crie bons hábitos

47 Aprenda a aprender

53 Defina metas

61 Tenha uma boa gestão do tempo

67 Dê o seu "melhor"

71 Pratique a respiração consciente

77 Exercite a sua criatividade

85 Aprenda um pouco sobre tudo

91 Corra riscos

97 Dedique-se a habilidades artísticas

101 Desenvolva uma comunicação

107 Tenha cautela nos seus pensamentos

113 Faça afirmações e visualizações

117 Selecione as pessoas ao seu redor

123 Eduque-se financeiramente

131 Pratique o minimalismo

137 Pratique a gratidão

143 Viva o presente

150 REFERÊNCIAS

Introdução

Antes mesmo de eu nascer, a minha conexão com a música já era forte. Meus pais, apesar de nunca haverem tido uma relação de trabalho ou *hobby* com a música, sempre gostaram, principalmente de música eletrônica. Inclusive, um fato engraçado é que quando a minha mãe, que sempre frequentou festivais de música eletrônica mundo afora, estava grávida de 6 meses, foi a um festival na Alemanha e lá mesmo ela sentiu que eu ia nascer! A reta final da gravidez foram 2 meses de internação no hospital de Ålesund, na Noruega, cidade onde eu nasci após 8 meses de gestação. Foi nessa cidade que vivi até os meus 6 anos de idade e onde eu recebi muita influência do EDM, vertente da música eletrônica predominante na Europa.

Desde muito pequena sonhava em ser DJ: aos 3 anos de idade já andava para cima e para baixo com meus fones cor-de-rosa e brincava com o DJ Hero do Xbox.

Aos 9 anos de idade, já morando no Brasil, realizei o meu sonho de me tornar DJ profissional, graças ao mestre DJ Sony. Aos 10, lancei minha primeira música e virei a mais jovem produtora musical do mundo na época, e aos 11, fui eleita uma das 30 crianças-prodígio do mundo pela TV5 quando participei do documentário *"Enfants Prodiges"*, que contava um pouco da história dessas 30 crianças pelo mundo.

Sempre apoiada pela minha mãe e meu padrasto, quem eu considero meu pai, já participava de grandes festivais e festas no Brasil e no mundo, incluindo a França e a Holanda.

Minha mãe, apesar de não ser do meio e nem entender nada de música, aprendeu tudo o que podia por causa do meu sonho. Ela arrumava um jeito de fazer contatos e assim conseguiu grande parte das minhas apresentações. Por sermos somente nós duas em um meio dominado por homens, durante esses cinco anos de carreira passamos por muitos obstáculos, principalmente por eu ser uma menina e criança, o que me levava a ter de provar ainda mais a minha capacidade.

Dizem que toda inovação no início é inviável.

Muitas pessoas — no começo desta história, a maioria delas — não me levavam a sério por acharem que essa carreira era inviável para mim.

Mas o fato de ter que provar a minha capacidade em triplo — por estar começando, por ser uma menina e por ser muito jovem — me fez querer ainda mais seguir com a carreira, me trouxe a certeza de que era isso que eu queria para a minha vida e me fez aprender muito mais do que teria aprendido se o caminho tivesse sido mais fácil.

Use o julgamento de terceiros como motivador para continuar fazendo o que você quer e o que você sente que deve fazer. Vencer as críticas e não ter seu potencial afetado por ele é uma grande conquista.

Por causa da minha história, comecei a dar palestras e me tornei palestrante da maior empresa do ramo no Brasil. Foi assim que eu comecei a explorar o meu potencial na comunicação e educação, e também encontrei o meu propósito.

Hoje também sou multi-instrumentista e ativista das causas animal e ambiental. Defendo que todas as pessoas, principalmente as que têm certa influência e plataformas de maior alcance, devem escolher pelo menos uma causa para se dedicar a promover durante a vida.

INÍCIO

12

Renascimento

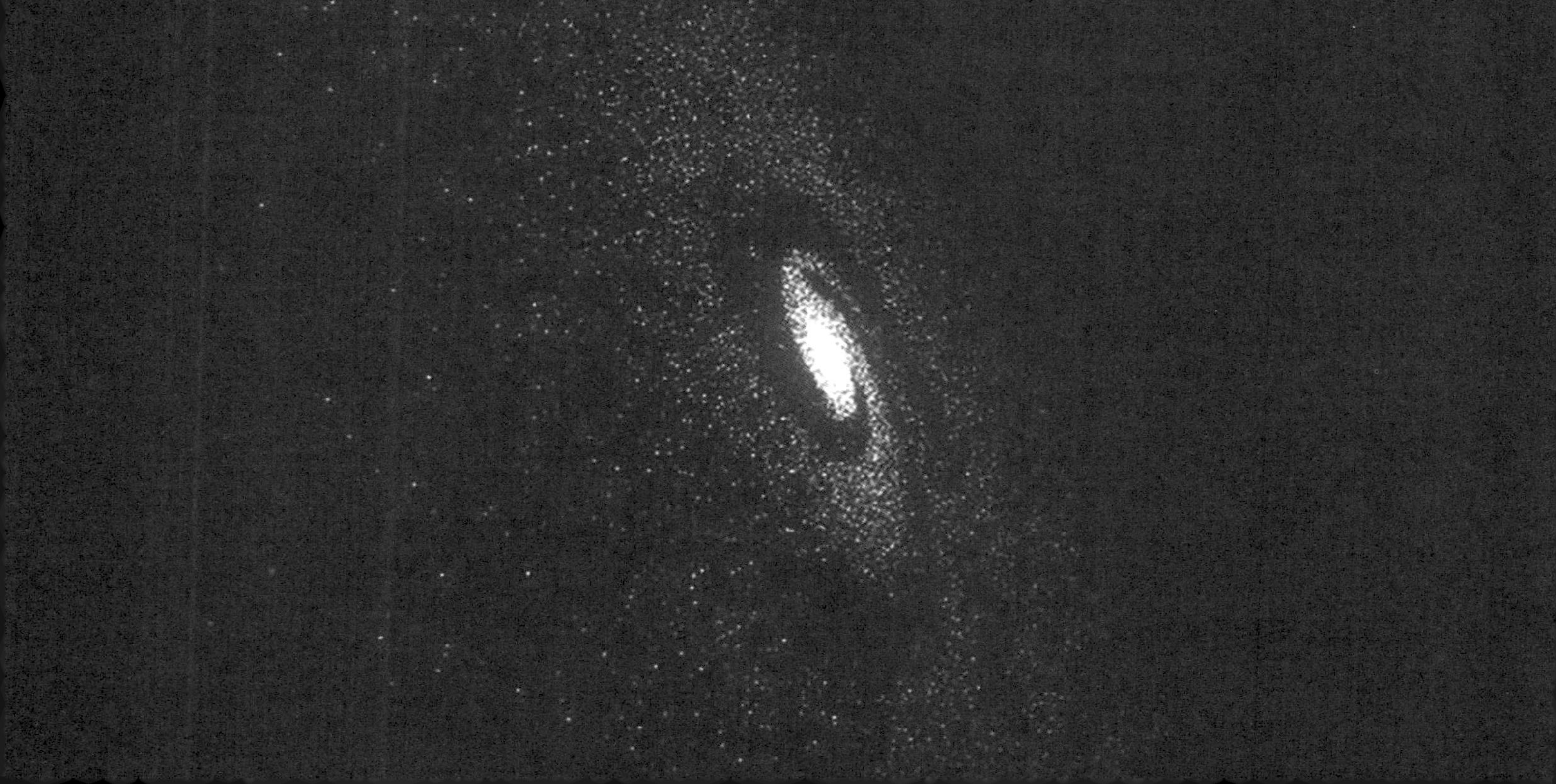

Este livro nasceu junto com o meu renascimento, depois de uma fase em que enfrentei os males do século: a ansiedade e a depressão.

Essa fase foi encadeada com a pandemia, mas foi causada por questões pessoais, que foram acumuladas por anos mas que não podiam mais ser. O mesmo aconteceu com muitas pessoas no mesmo período, na pandemia, que por si só já era um momento de muita ansiedade e muito medo e também obrigou-nos a entrar para dentro de casa — não só a casa física, mas também nossa casa interior, para enfrentar traumas e conflitos guardados. E foi então que nos confrontamos com questões internas, que até então eram constantemente postergadas devido ao mundo acelerado em que vivemos.

Segundo o *The Lancet,* os casos de depressão e ansiedade aumentaram mais de 25% devido à pandemia da Covid-19. De acordo com a Abrata (Associação Brasileira de Familiares, Amigos e Portadores de Transtornos Afetivos), 4 a cada 10 brasileiros enquadram-se nesses diagnósticos. Hoje, 25% dos jovens no mundo têm sintomas de depressão, e 20%, de ansiedade, revelam dados divulgados pela *JAMA Pediatrics*.

Eu tive a oportunidade que muitos jovens não têm: tive apoio e também tentei vários tipos de terapia, mas nada realmente me ajudava — na verdade, na maioria das vezes piorava. Hoje entendo que havia um propósito nesse período tão difícil: os aprendizados. E hoje também compreendo que não poderia me curar de fora para dentro.

Foi por causa da escuridão que eu pude passar por um período de tremenda iluminação. Depois de não ver sentido nenhum em nada, comecei a ver sentido em tudo. Senti que eu renasci e encontrei a minha visão sobre o significado da vida. Foi assim que surgiu este livro que está em suas mãos.

Sentido da vida

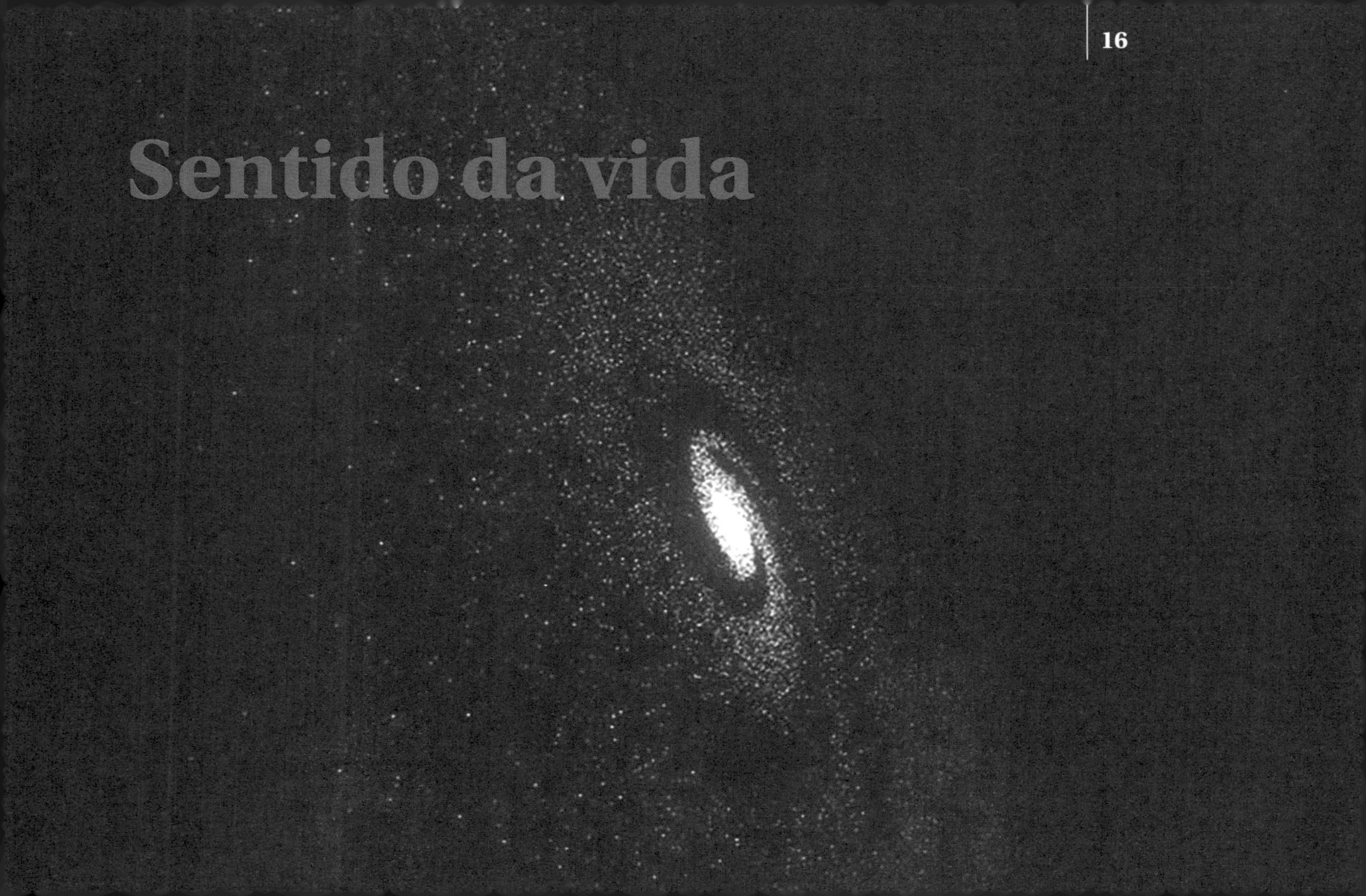

Eu costumava pensar, como a maioria das pessoas, que o sentido da vida geral (que é diferente do pessoal) era a busca da felicidade. Mas hoje eu já não vejo assim.

Dados como os mostrados a seguir mostram que a incessante busca pela felicidade torna, no geral, as pessoas mais infelizes, pois, por exemplo, nos faz interpretar qualquer sentimento negativo como um fracasso.

Um novo estudo da Universidade de Melbourne, na Austrália, concluiu que **a infelicidade de muita gente é causada pela tentativa incessante de ser feliz.** Já a pesquisa publicada na revista *Emotion* descobriu que a "superenfatização" da felicidade, como uma pressão social, pode tornar as pessoas mais suscetíveis ao fracasso e muito mais frágeis a emoções negativas.

Para chegar a essas conclusões, o grupo de cientistas composto por McGuirk, Kuppens, Kingston e Bastian, da Universidade de Melbourne, conduziu o seguinte teste: formou três grupos de estudantes de psicologia australianos, os quais precisavam resolver 35 anagramas em 3 minutos. O primeiro grupo (A) recebeu, entre os 35 anagramas, 15 que eram impossíveis de solucionar. Os integrantes desse grupo foram colocados em uma sala decorada com dezenas de cartazes motivacionais, notas coloridas, livros de autoajuda, e o instrutor da sala fez até discurso sobre a importância da felicidade antes de a tarefa começar.

Enquanto isso, o grupo B precisava completar a mesma tarefa, mas em uma sala absolutamente neutra. Já o grupo C, diferente dos outros dois, precisava resolver apenas os anagramas possíveis. A sala e o instrutor do grupo C últimos eram como os do grupo A, muito motivadores.

Após os grupos terminarem suas tarefas, os estudantes do grupo A eram os mais arrasados com o fracasso. Os do grupo B, mesmo também tendo falhado, não aparentavam tanta tristeza. E, no grupo C, o único com possibilidade de sucesso na tarefa, também não se via desânimo. Os cientistas concluíram que o grupo A, em um ambiente de "superfelicidade", lidou de forma pior com o sentimento de fracasso em comparação com o grupo que também falhou, mas numa sala neutra. Foi como se eles não pudessem experimentar sentimentos negativos por estarem em um ambiente positivo e isso gerou mais sentimentos negativos.

O mesmo acontece em nossas vidas: mesmo que não seja um ambiente plenamente positivo, existe uma pressão social para se tornar exatamente isso, o que faz acontecer o mesmo que aconteceu na pesquisa. Estressamo-nos quando sentimos emoções ruins pois não as aceitamos, e com isso vem a redução no bem-estar e na satisfação com a vida.

O perigo de achar que devemos evitar experiências negativas é que respondemos mal a elas quando surgem, porém elas sempre surgem, querendo ou não. No fim, o que a pesquisa constatou é que a busca incessante pela felicidade e a não aceitação da tristeza e do fracasso só traz mais infelicidade. **Saber lidar com as tristezas, estresses e ansiedades inevitáveis da vida pode ser o segredo para a felicidade** — em outras palavras, é o exato oposto de buscar a felicidade.

A resistência a sentimentos negativos faz com que os sintamos mais ainda, com mais frequência e por mais tempo. Para um sentimento "passar" é necessário senti-lo por completo, não tentar resistir, entender ou julgar, mas apenas se permitir sentir. Dessa forma ainda é possível aproveitar esses sentimentos para aprender e evoluir. Cada vez que lidamos melhor com esses sentimentos e os sentimos a fundo, aprendemos mais sobre como lidar com eles, sobre os sentimentos em si e sobre nós mesmos. O sentido da vida então poderia ser, não a busca pela felicidade, mas sim a busca por aceitar sentir os nossos sentimentos.

A depressão é uma consequência da vontade de ser feliz a todo o preço de uma sociedade.

O sentido da vida segundo diferentes filosofias

Panteísmo e Taoísmo - cuidar da natureza, pois fazemos parte dela e assim atingimos o equilíbrio.

Teísmo - seguir a vontade de Deus.

Confucionismo - buscar a sabedoria e a capacidade de se colocar no lugar do outro, ou seja, a empatia.

Cinismo - viver apenas de acordo com a natureza, libertando-se de convenções para se tornar autossuficiente.

Hedonismo - sentir o prazer do agora.

Platonismo - acumular o máximo de conhecimento.

Legalismo - obter habilidades práticas.

Estoicismo - amar a realidade como ela é.

Epicurialismo - atingir um estado de tranquilidade e de libertação do medo, tendo como objetivo de cada ação o prazer.

Humanismo moderno - agir em interesse próprio e bem comum.

Pragmatismo - dar mais valor para os seres humanos.

Existencialismo - fazer decisões e ser positivo.

Kantianismo - sentir o prazer e o desprazer.

Mesmo cada um deles tendo a sua própria visão sobre o sentido da vida, todos eles têm a mesma base: explorar o nosso infinito potencial.

O infinito potencial

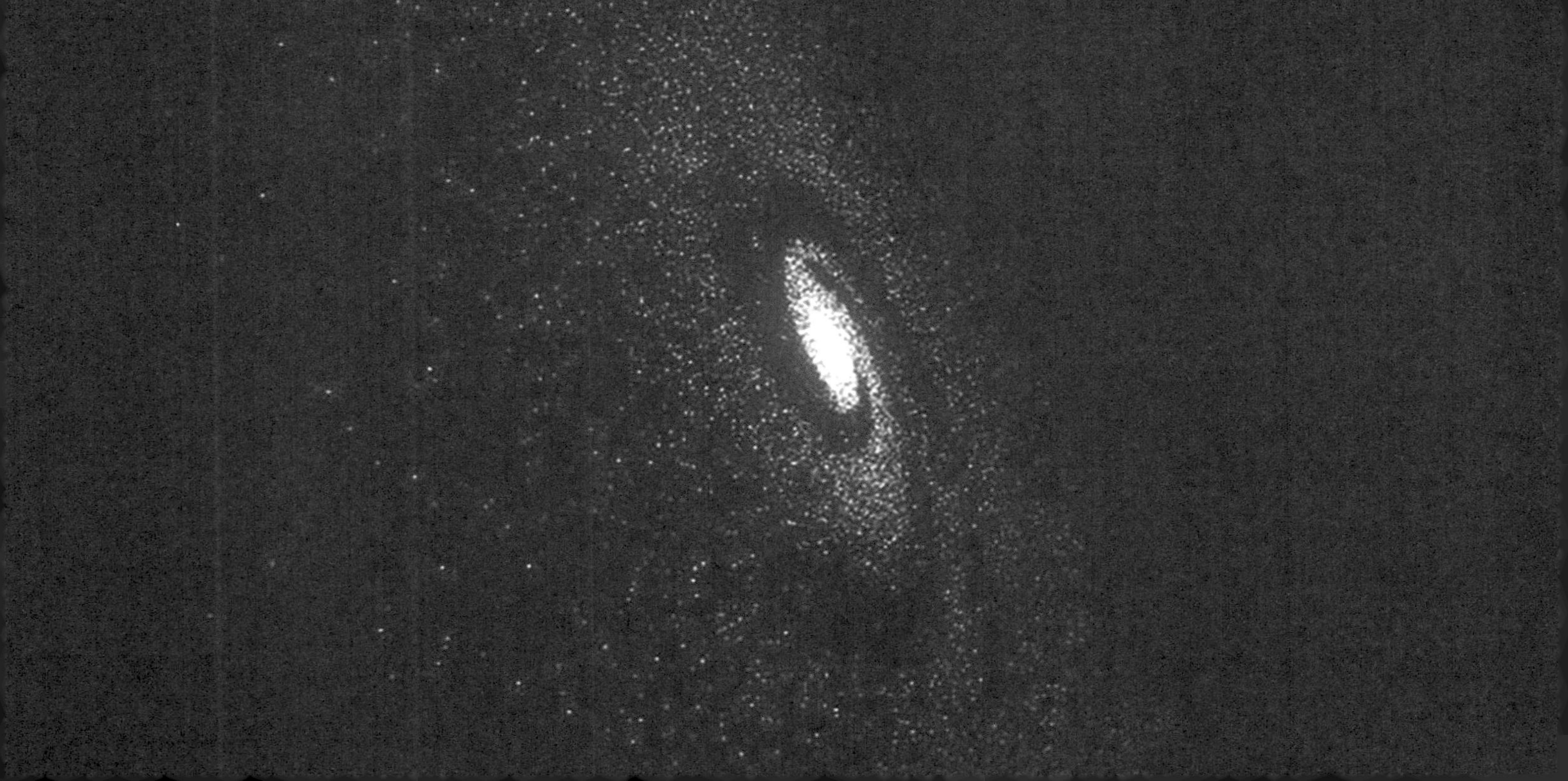

Todos nós nascemos com um infinito potencial, e esse potencial dentro de nós é a nossa essência, **O INFINITO EU.**

O potencial é tudo aquilo que pode se tornar real, e nós, seres humanos, temos uma capacidade infinita de tornar coisas reais, por isso temos um infinito potencial, que não é algo limitado e pode um dia ser atingido de forma plena: é infinito.

Podemos explorar parte desse potencial dentro de nós com mais facilidade: trata-se de nossos talentos. Não significa que temos mais potencial para certas habilidades, como muitos acreditam: todos nós temos a mesma quantidade de potencial, porém temos níveis diferentes de facilidade de exploração. Eu acredito que todas as pessoas podem atingir o que uma pessoa com talento é capaz de fazer.

Cada pessoa nasce com potenciais que podem ser mais facilmente explorados — nossos talentos — e que devem ser honrados. **Os talentos de cada pessoa são um sinal do que se deve seguir.** Porém devemos explorar nosso potencial em diferentes áreas para identificarmos nossos talentos.

Para mim, esse é o **sentido da vida: explorar o nosso infinito potencial** ao máximo ao longo da vida, e a cada dia atingir um nível mais elevado desse nosso potencial, descobrindo mais sobre nós mesmos e tornando-nos um pouco melhores a cada dia — para mim essas conquistas diárias são também o significado do sucesso: não algo que só existe no futuro (e na maioria das vezes inalcançável), e sim no agora.

A maioria das pessoas tem uma visão que eu considero equivocada sobre o sucesso: para elas, sucesso é o ponto de chegada. Porém **o sucesso não deve ser visto como um destino, mas sim como a caminhada,** a conquista diária em explorar mais do seu potencial.

Explorar nosso potencial nos faz descobrir o nosso tão falado propósito; inclusive, é necessário saber a diferença entre ele e o sentido de vida: com o sentido da vida sendo explorar o nosso infinito potencial, o propósito é um objetivo específico para explorá-lo e idealmente não um objetivo envolvendo apenas a si mesmo, mas também outras pessoas. Sendo assim, o **propósito é sobre o impacto que quer-se causar em pessoas explorando seu infinito potencial.** Explorar o seu potencial faz o propósito surgir de forma clara e mágica, não é algo que deve ser pensado e escolhido. Na minha visão é algo predestinado que acessamos apenas descobrindo quem somos, nossos talentos, facilidades e dificuldades, ou seja, explorando nosso potencial. Encontrar seu propósito é uma jornada e faz parte dessa jornada adquirir os hábitos deste livro.

"O seu propósito te encontra quando você encontra sua real identidade. Daí você é sequestrado para viver esse propósito." Paulo Vieira.

Algo essencial nessa exploração do Infinito Potencial são os fracassos. Nessa filosofia de vida os fracassos são tão positivos quanto as conquistas, ou até mesmo mais importantes. Os fracassos sempre nos dão a oportunidade de explorar mais ainda nosso potencial. Irei explicar essa lição transformadora no Hábito 9: Corra riscos.

Voltando àquelas visões sobre o sentido da vida segundo diferentes filosofias, aqui está o motivo pelo qual a exploração de nosso Infinito Potencial deve ser a base, o sentido mais profundo de todos os sentidos de vida: Todas as visões sobre o sentido da vida são sobre "ser", "fazer" ou "ter". O potencial é tudo aquilo que pode se tornar real, ou seja, tudo aquilo que podemos "ser", "ter" ou "fazer", por isso todos os sentidos de vida são sobre explorar o nosso potencial. Assim, tem-se que o mais profundo sentido de vida é explorar o Infinito Potencial, e é sobre ele que eu vou falar e descrever o passo a passo para vivenciá-lo.

Filosofia natural humana

A filosofia de vida baseada nesse sentido de explorar nosso potencial é uma filosofia natural humana. **Nós nascemos já vivenciando essa filosofia, porém ao longo da vida paramos.**

Nós estamos no auge dessa vivência quando somos crianças, pois é nessa época que somos exploradores, curiosos, questionadores, imaginativos, admiradores, criativos e fora da caixa, mas deixamos de ser tudo isso quando nos colocam em uma.

Uma característica muito cobrada atualmente, principalmente na área profissional, é "ser fora da caixa", que significa ser uma pessoa que não se enquadra em padrões — mas como já citei, nós já nascemos assim, porém somos rapidamente conformados a um molde desde pequenos e permanecemos nessa "caixa", para sempre (ou pelo menos durante grande parte de nossas vidas).

Ao invés de "sair da caixa", o ideal é permanecer fora desde cedo. Paradoxalmente, ainda que se cobre a adequação a um padrão, sempre foi um fato de que é necessário estar fora dele para explorar seu potencial, se destacar e ter um impacto positivo.

Tecnologia x Infinito Potencial

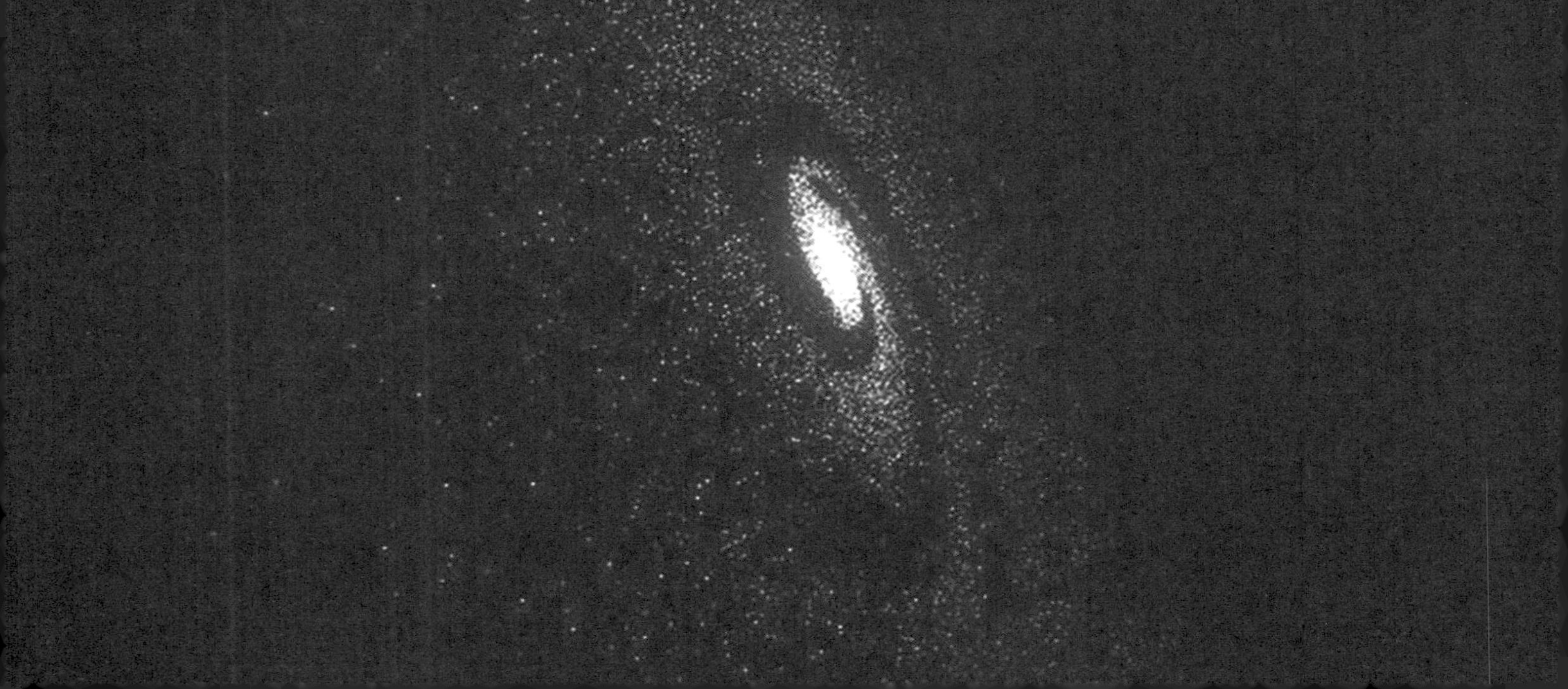

"A humanidade irá mudar mais nos próximos 20 anos do que nos últimos 300." Gerd Leonhard

Logo poderemos viajar virtualmente para qualquer lugar através do Metaverso. Através de óculos semelhantes a óculos comuns, poderemos ver e interagir com hologramas, que podem ser objetos e também pessoas. Seremos capazes de controlar objetos e interfaces com a mente, salvar e dar *replay* nas memórias por meio de implantes de chips em nossos cérebros, que nos conectarão à Inteligência Artificial e nos tornarão parte dela. Nanorrôbos navegarão em nossas correntes sanguíneas a fim de diagnosticar doenças e corrigir danos, assim como órgãos humanos poderão ser produzidos por impressoras 3D.

Hoje, tudo isso já está sendo desenvolvido, e quando de fato se tornar realidade para nós, incorporando-se ao nosso dia a dia, fará com que exploremos muito mais do nosso potencial.

Porém, voltando para o presente e para o que já temos em nossas mãos, vamos tomar o exemplo dos celulares: esses aparelhos comuns, que muitas pessoas passam grande parte dos seus dias utilizando, têm um poder computacional muito superior ao do computador a bordo da *Apollo 11*, espaçonave que levou os astronautas até a Lua em 1969. **Usamos todo esse poder de forma relevante e consciente para explorar nosso potencial?**

Um tema já em debate é o lado negativo "da tecnologia", relacionando-a com vício, menor desenvolvimento cognitivo, alienação, ansiedade, depressão etc. Porém **o problema não é, não foi e nunca será a tecnologia, e sim a nossa relação com ela, ou seja, nós mesmos.** A responsabilidade começa em nós simplesmente pelo fato de que criamos e desenvolvemos a tecnologia. Muitas vezes, para terceirizar a culpa, as pessoas alimentam uma visão de que a tecnologia é por si só responsável pelos impactos negativos que mencionei, porém o que os ocasiona é a nossa relação com ela, não a tecnologia em si. Ela é uma ferramenta potencializadora, que potencializa e ressalta nossas características, tanto positivas quanto negativas que lhe fornecemos por meio de nossa relação com ela.

Utilizando a tecnologia podemos aprender e estudar sobre todos os assuntos na internet, conscientizarmo-nos de acontecimentos e situações em todo o mundo, e compartilhar essas informações. Hoje não é necessária uma complicada estratégia para alcançar um grande número de pessoas: uma simples *hashtag* pode se tornar um movimento mundial por uma causa. Nunca foi tão fácil e tão eficiente ganhar dinheiro pelas grandes oportunidades que a tecnologia e o digital nos fornecem.

Apesar de a nossa relação com a tecnologia também poder ter sua face mais obscura e negativa, como explorei anteriormente, ela pode e nos torna mais conscientes, empáticos, bem informados, curiosos etc, além de nos trazer mais poder de fala, de união e poder pessoal. Desenvolver mais essas características positivas e reduzir as negativas depende de nós.

O fato de a tecnologia facilitar tanto a nossa vida e nos deixar a cliques de distância de informações, também nos faz muitas vezes pensar, nos esforçar e aprender menos, pois sabemos que quando precisarmos de alguma informação, basta pesquisar na internet, por exemplo. A facilidade que a tecnologia injeta em nossas vidas deve ser motivo para explorarmos mais do nosso potencial, aprendendo e nos desenvolvendo mais.

A Geração Z, geração nascida entre 1995 e 2010, nos mostra como a nossa **relação com a tecnologia pode potencializar nossas características positivas e negativas** pela sua identidade paradoxal. Os integrantes dessa geração têm como principais características serem quebradores de paradigmas, "fora da caixa", talentosos, autodidatas, responsáveis, ligados a causas sociais e ambientais, ativistas etc, porém também são considerados muito influenciáveis, alienados, acomodados, com problemas de saúde mental e desenvolvimento.

Tanto a Geração Z como as gerações anteriores, que influenciam muito a relação dos mais jovens através do exemplo, precisam melhorar sua relação com a tecnologia.

Ainda sobre a Geração Z e como a tecnologia nos potencializa, a Quarta Revolução Industrial levanta uma grande preocupação: a substituição dos seres humanos por máquinas, assim como na

Primeira Revolução Industrial, porém com muito mais impacto na atual.

Segundo a Universidade de Oxford, **47% dos empregos que existem hoje desaparecerão nos próximos 25 anos. Porém, cerca de 85% das profissões que existirão em 2030 nem foram inventadas ainda,** segundo o Institute for the Future (IFTF) em parceria com *Dell Technologies.*

Com a tecnologia avançando, não devemos vê-la como uma inimiga ou concorrente, e sim como uma aliada. A tecnologia atingindo a nossa capacidade atual, é um sinal de que devemos evoluir e desenvolver mais certas habilidades — ou seja, esse avanço nos permite explorar mais do nosso potencial. Isso torna **a tecnologia, até mesmo nos momentos em que nos substitui, a maior potencializadora humana** — uma vantagem da qual devemos desfrutar.

Antes da Primeira Revolução Industrial, que teve início na década de 1760, nós fazíamos o papel das máquinas em fábricas. Nossa função era baseada em repetições e força, não havia incentivo à imaginação ou criatividade — habilidades que nos tornam humanos. A troca dos humanos por máquinas nessa revolução nos tornou mais pensantes, criativos, independentes e exploradores dos nossos potenciais, e isso se potencializou a cada revolução industrial.

Agora estamos vivendo a Quarta Revolução Industrial, impulsionada por tecnologias extraordinárias e que, diferente das outras revoluções, vai impactar todas as áreas da vida do ser humano. Todas as funções repetitivas no mercado de trabalho, por exemplo, serão automatizadas durante essa revolução industrial, e devemos ver essa transformação como uma chance de evoluir. Se máquinas são capazes de fazer esses trabalhos, nós somos capazes de muito mais — então deixemos elas tomarem o nosso lugar para fazer o que elas não podem, o que nos torna humanos e únicos.

Habilidades intuitivas, espirituais e compassivas são habilidades exclusivamente humanas que logo serão cobradas. Entendendo tudo isso, comece a explorar essas habilidades, utilizando a tecnologia como sua principal potencializadora para se destacar no mercado.

"Nenhum homem é melhor do que uma máquina, mas nenhuma máquina é melhor do que um homem com uma máquina." Paul Tudor Jones.

HÁBITOS

1

Crie bons hábitos

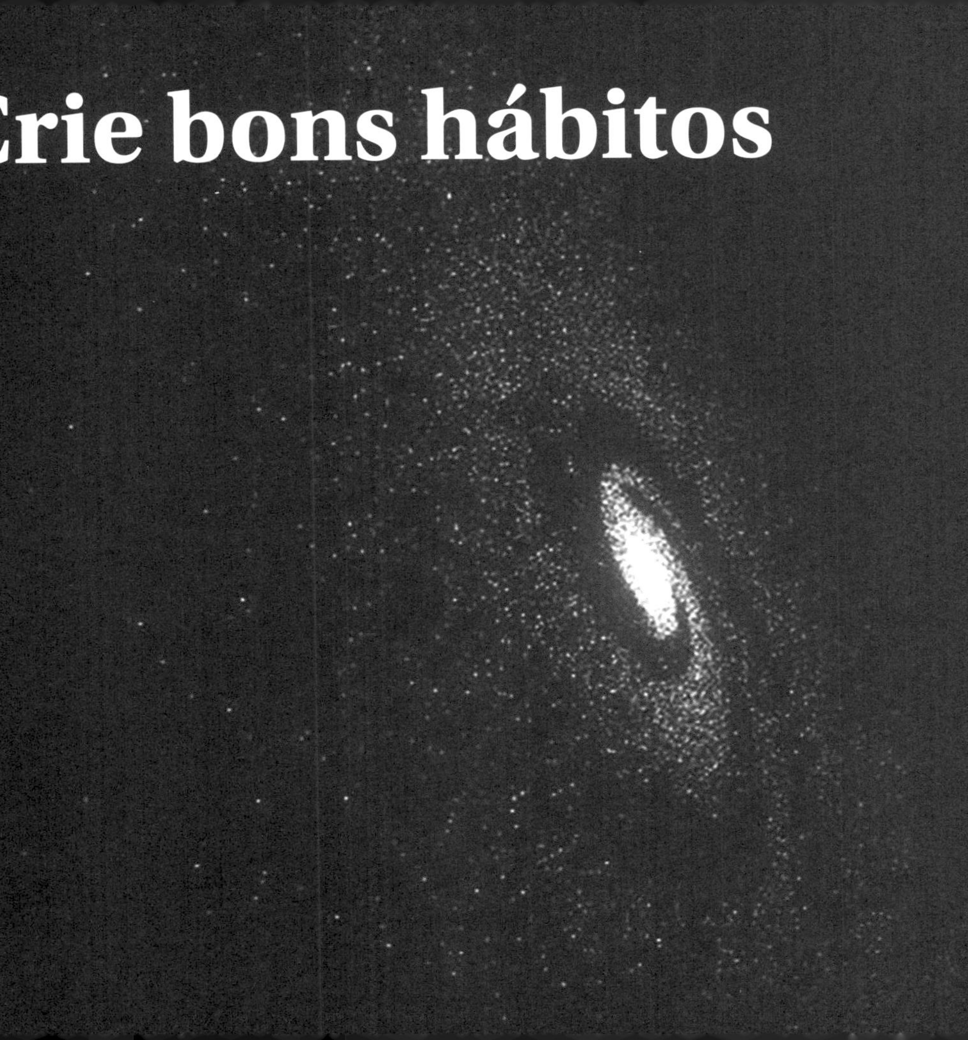

A materialização do potencial está no hábito.

Nós somos os nossos hábitos. Eles são nossos fundamentos, moldam a nossa identidade e mentalidade, ou seja, também a maneira como exploramos o nosso Infinito Potencial. O que define se uma pessoa explora mais ou menos da sua capacidade são seus hábitos.

"Nós somos aquilo que fazemos repetidamente."
Will Durant

Os hábitos são ações e comportamentos que foram repetidos muitas vezes e dependendo deles, se tornam automáticos. Alguns hábitos, por exemplo os explorados aqui, não podem se tornar inconscientes, pois não é possível praticá-los sem pensar. Porém algumas ações do nosso dia a dia se tornam hábitos inconscientes, como o hábito de abrir uma porta.

O que muda quando se adquirem hábitos como os estudados neste livro, é que **quanto mais repetimos a prática, menor a chance de procrastinação.** Quando um conjunto de ações se torna um hábito, não pensamos antes de executá-lo: torna-se algo automático, no sentido de que se incorpora à rotina tão naturalmente que não precisamos planejar e analisar antes de executar aquele grupo de ações.

Para criar novos hábitos, basta então a repetição. É a única coisa necessária, porém existem muitas técnicas que podem auxiliar no processo de tornar um conjunto de ações um hábito, já que esse período de fixação é quando desistimos da maior parte dos hábitos que queremos criar.

Já que não se cria um hábito sem a repetição, recomendo que essa seja a prioridade inicial, e não a quantidade de tempo ou esforço dedicado ao futuro hábito. **Não foque na qualidade, inicie pequeno e concentre-se na repetição e evolução.**

Quando vamos começar a criar um hábito, por estarmos animados, acabamos focando muito a execução, gastando muito tempo e energia e não em criar o hábito em si, por isso não conseguimos formar grande parte dos hábitos que queremos. Por exemplo, muitas pessoas, quando querem criar o hábito de se exercitar, pelo ânimo inicial dão o máximo de si logo nos primeiros treinos, treinam por um grande tempo e gastam muita energia, o que as cansa, desanimam logo no início.

Lembre-se de que o nosso cérebro cria um hábito e automatiza nossas ações com a intenção de justamente gastar menos energia, então comece a criar um hábito de forma alinhada a essa intenção, de modo que demande menos esforço. Depois você pode — na verdade, deve — evoluir. Após a ação ou comportamento já ter se tornado um hábito, automatizado, sem espaço para procrastinação, então, foque na execução.

Para outras técnicas, temos que conhecer a estrutura do hábito: quando um hábito acontece, um gatilho gera um desejo, que por sua vez leva a um comportamento que se bem-sucedido, gera uma recompensa.

Nós podemos usar essa estrutura de um hábito já criado para criar um novo hábito. Quando um comportamento já é automatizado, essas etapas (o gatilho, o comportamento e a recompensa) são menos conscientes, mas como antes de um comportamento se tornar hábito ele é feito de maneira plenamente consciente, todas essas etapas devem ser bem claras e evidentes.

Crie um gatilho evidente: existem muito tipos de gatilhos, mas os mais comuns são de tempo e lugar. Definir quando e onde serão feitas certas ações aumenta significativamente as chances de uma pessoa agir em consonância a seus objetivos. Um outro tipo de gatilho é o "empilhamento de hábitos", que significa encadear comportamentos uns nos outros, fazendo com que hábitos anteriores sejam gatilhos de hábitos posteriores.

Outro tipo de gatilho são os do ambiente. Pessoas com grande autocontrole são boas em estruturar o seu ambiente de forma a não requerer grande força de vontade, manipulando os seus gatilhos de forma favorável ao comportamento que querem apresentar.

Muitos gatilhos estão presentes no próprio ambiente de execução da ação (como as distrações), então molde seu ambiente de forma que ele destaque os gatilhos de que você precisa e esconda os gatilhos associados a comportamentos indesejados.

Na etapa do comportamento, como já indiquei, o comportamento deve ser praticado de forma a não demandar tanto esforço no início, assim evitando a procrastinação e o fracasso em criar o hábito.

Quanto à recompensa, **quando um comportamento traz recompensa imediata ele é automatizado pelo cérebro.** Alguns hábitos negativos mais presentes no nosso dia a dia têm uma recompensa imediata, mas um grande preço é cobrado no longo prazo, ao contrário dos comportamentos que queremos tornar hábitos — estes cobram um preço alto agora para poder trazer a recompensa duradoura e verdadeira no futuro; porém, como o cérebro é gatilhado por prazeres imediatos, acabamos mantendo os hábitos negativos e não criando novos hábitos positivos.

No entanto, você pode criar premiações para os comportamentos que você quer tornar hábitos, pois assim você cria a recompensa imediata que o cérebro tanto quer. Para quebrar hábitos negativos que têm uma recompensa imediata mas um grande preço a ser pago no futuro, adiante as consequências criando punições.

Criando uma forma de medir o quanto está mantendo os hábitos, você aumenta a chance de ser bem-sucedido. **Medir é uma forma de visualizar o progresso,** gerar satisfação imediata e usar os bons resultados como motivadores. Nada motiva mais que o progresso. Uma dica é sempre que executar a ação que deseja, anotar há quantos dias seguidos você está fazendo aquela ação e, se em um dia você não a fizer, zerar a conta. Esse seria um enorme motivador, pois quanto maior o número de dias seguidos, mais você tentará não zerar essa grande conta.

Medir os hábitos também é uma maneira de não deixar que o hábito se torne tão automático ao ponto de você não progredir mais. Automatizar ações é bom até um certo ponto, pois depois você perde a sensibilidade ao feedback e deixa de evoluir, inclusive existe uma zona de declínio lenta e gradual de competência nos nossos hábitos geralmente. Então, para explorar sempre o seu potencial, é necessário manter os comportamentos plenamente conscientes. Sempre identifique seus hábitos, avalie-os como positivos, neutros ou negativos, dentro da perspectiva de seu benefício a longo prazo, e não deixe que os hábitos que quer manter se tornem inconscientes, buscando evoluir a forma como você os pratica. Como já explorei anteriormente, o importante é a constância e a evolução, por isso, inicie de forma que você conseguirá manter a constância e assim será possível evoluir na sua execução a cada vez que você desempenhar a ação.

2

Aprenda a aprender

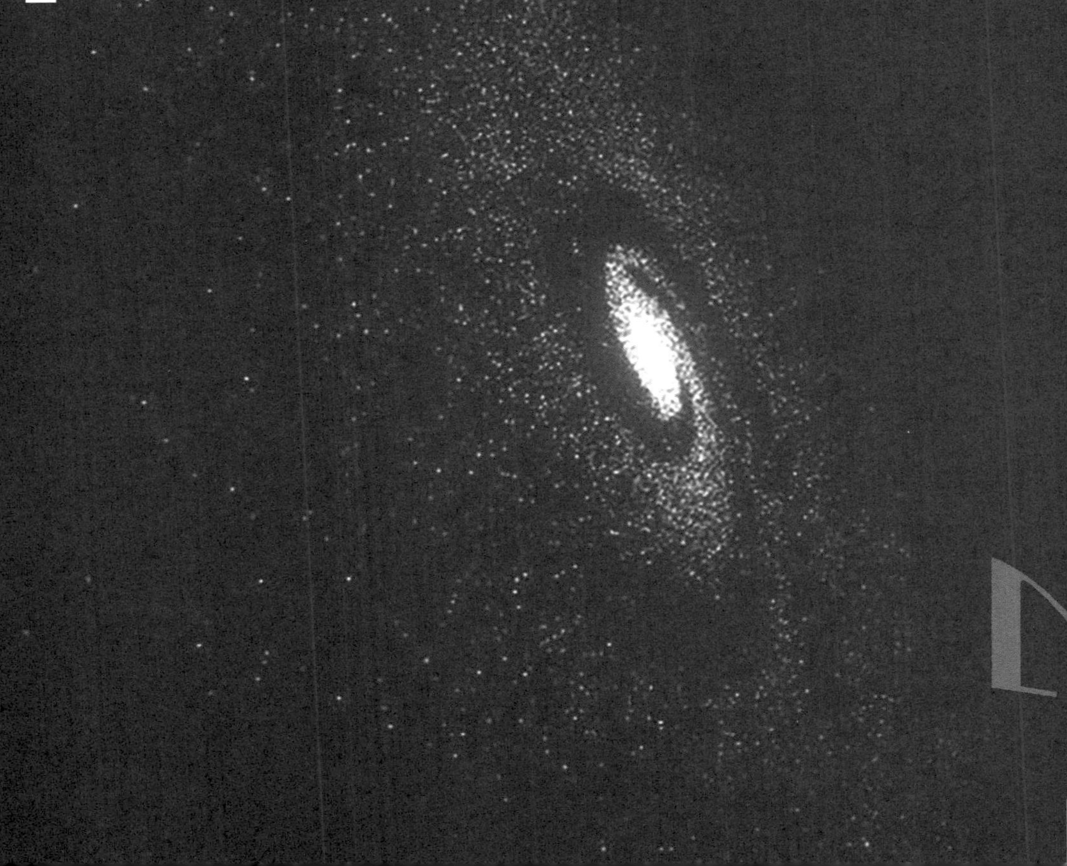

"O analfabeto do século 21 não será aquele que não consegue ler e escrever, mas aquele que não consegue aprender, desaprender e reaprender." Alvin Toffler

O conhecimento é um bem que depende apenas de nós, para ganhar ou perdê-lo. Ninguém ou nenhuma circunstância nos pode tirá-lo, e por isso é um dos únicos bens reais, de que somos de fato possuidores. Quanto mais conhecimento nós acumularmos, mais oportunidades de crescimento se abrem em todos os âmbitos da vida.

Para aprender de fato todos os ensinamentos deste livro sobre como explorar seu potencial e colocar em prática, que é o mais importante, aprender a aprender é essencial. Explorar o nosso potencial tem como base aprender, pois explorar nosso potencial é aprender sobre nós mesmos e sobre o mundo a nossa volta.

Quanto mais aprendemos sobre o mundo mais aprendemos sobre nós mesmos, da mesma forma, quanto mais aprendemos sobre nós mesmos mais aprendemos sobre o mundo a nossa volta.

Aprender é algo muito mais profundo do que provavelmente você pensa, muito mais profundo do que nos ensinam. Na escola muitas vezes aprendemos que aprender é decorar informações da forma que elas nos foram passadas, de forma padronizada, e por isso a maioria das pessoas mantém essa visão sobre a aprendizagem.

Eu defino a habilidade de aprender como uma habilidade nativa humana. **Não há transformação sem aprendizagem. Ela é a base da transformação e o que nos trouxe até aqui como especie**. A aprendizagem é mais do que apenas guardar uma ideia da mesma forma como ela foi passada, pois cada pessoa, pelo seu repertório de ideias, suas experiências de vida, sua personalidade e seus gostos, guarda uma ideia de forma única.

Por isso, para mim a real aprendizagem é, de certa forma, a criatividade, pois quando aprendemos uma informação estamos combinando a informação com o nosso repertório, criando algo único.

O processo da aprendizagem tem etapas baseadas no propósito, na admiração, curiosidade, combinação, relação e memória.

Para aprender de fato alguma coisa, é necessário ter um propósito claro para aprendê-la. Isso nos faz admirar mais a informação e ter mais curiosidade, além de nos fazer memorizá-la de uma melhor forma. Só armazenamos bem aquelas coisas que temos um motivo para serem armazenadas.

Outra etapa é a combinação: como já foi dito, aprender de fato é combinar novas informações com as que você já tem no seu repertório, resultando em uma nova visão. A relação é outra etapa da aprendizagem, pois a base da memória — que é a ultima etapa — é a relação entre você e o aprendizado. É necessário revisitar o aprendizado, repensando, falando, escrevendo etc.

A velocidade da aprendizagem também é muito importante. Em uma realidade de transformações cada vez mais rápidas, para acompanhar o ritmo de mudanças, devemos ter um ritmo de aprendizagem mais acelerado que o ritmo de mudança. Se o nosso ritmo de aprendizagem é mais lento ou igual ao ritmo de transformações, nós não estamos acompanhando as transformações e muito menos vamos poder criar transformações, fazendo parte de fato delas.

E além da importância de aprender, é necessário falarmos da importância de desaprender. Em um tempo no qual o mundo muda mais rápido do que nunca, devemos saber identificar crenças e pensamentos que não servem mais e desaprendê-los para depois aprender novos.

As principais fontes de aprendizado são receber, dar e experienciar, que se encaixam na forma passiva ou ativa e podem resultar em aprendizados teóricos e/ou práticos.

Receber seria apenas receber informações, por isso se encaixa na forma passiva de aprendizagem e resulta apenas no aprendizado teórico.

Dar seria transmitir informações para outros receberem, ou seja, ensinar, por isso se encaixa na forma ativa e resulta em aprendizado teórico. Essas duas fontes podem se combinar, o que acontece quando conversamos sobre um assunto.

E *experienciar* seria tudo combinado, ou seja receber, dar e além disso praticar, e pode resultar em um aprendizado teórico e prático. Quanto mais experiências adquirimos com certas informações, melhor as armazenamos e melhor as usamos.

A maioria das pessoas tem mais consciência, e por isso utiliza mais apenas a primeira fonte de aprendizado (o receber), pois ela é predominante nas escolas e faculdades, onde passamos grande parte de nossas vidas. Além de dominar esses ambientes, ela passa a se estender a outras áreas de nossas vidas no geral.

Para uma melhor aprendizagem, dê, receba e experiencie o conhecimento.

3

Defina metas

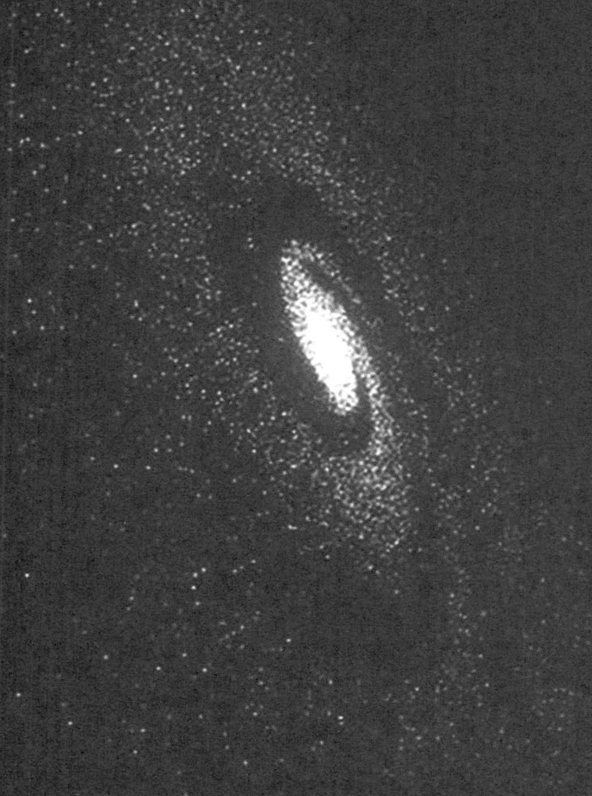

Sem metas em nossas vidas ficamos à deriva: somos levados pelas circunstâncias e não chegamos a lugar nenhum.

É igual dirigir um barco sem rumo: você navega, navega e navega, mas é levado pelos ventos e não chega a lugar nenhum, a lugares indesejados ou a lugares de valor inferior a onde você poderia chegar. A vida é como um mar, não tem ruas e caminhos definidos, mas assim como em nossas vidas, devemos definir um destino. Todos nós já conhecemos pessoas que trabalham muito, esforçam-se e estão sempre ocupadas, porém não têm resultados desse trabalho em sua vida. Elas são assim por não terem metas.

Para ser um protagonista e explorador do seu Infinito Potencial, é preciso "dirigir" o barco e definir para onde você vai, sem deixar o vento levar você aleatoriamente a algum lugar, gastando ainda mais energia e tempo. **Quando você sabe o que precisa ser feito, não perde tempo com ações que não o conduzirão ao destino.**

As metas condicionam a atenção que damos a elas. O cérebro é totalmente seletivo, se guardasse ou se atentasse às milhares de informações que recebemos todos os dias de forma consciente, ficaríamos loucos, por isso, seleciona somente as informações que realmente nos interessam. Ao definir metas, o nosso cérebro começa a prestar atenção naquilo que ajuda a realização. Oportunidades para atingirmos nossos sonhos e metas estão sempre ao nosso redor; tendo-as bem definidas e claras você se atentará a essas oportunidades, mas sem suas metas bem definidas, essas oportunidades passarão despercebidas.

As pessoas veem as metas, de uma maneira limitante, como se fossem conquistas finais. O melhor é **ver as metas não como destinos, e sim como caminhos.** A conquista, o sucesso não é apenas o ponto final de uma caminhada, e sim toda ela. Dessa forma, você deseja e admira, não só a conquista final, mas cada conquista diária.

Para atingir metas, é crucial defini-las de maneira correta.

Estratégias para definir e cumprir metas:

• Escreva suas metas.

Quando apenas imaginamos metas, são apenas sonhos. Na definição de metas você já deve materializá-las, escrevendo em um caderno, agenda, aplicativo etc., assim você dá o primeiro passo rumo a sua concretização. Escreva de preferência em mais de um lugar para poder entrar em contato com as metas com muita frequência.

• Pense em suas metas todos os dias.

Para atingir as metas, é necessário relembrá-las com frequência para mais inspiração, foco, energia e alinhamento. Você se atentará às infinitas oportunidades que passam despercebidas e se lembrará de alinhar suas ações, hábitos e pensamentos para atingir suas metas. O hábito 12 : Tenha cautela nos seus pensamentos e o hábito 13 : Faça afirmações e visualizações, que virão mais adiante, reforçaram a importância de repensar com frequência em suas metas.

• Especifique suas metas ao máximo.

Especifique ao máximo suas metas, escreva como você as conquistará e quando. Isso possibilitará que você monte um planejamento.

• Defina metas mensuráveis.

Não temos como saber se atingiremos ou não metas não mensuráveis e vagas, pois elas dependem da percepção e não podem ser planejadas. Metas como "ser mais grato", "exercitar-se mais" ou "ser mais organizado" não são metas mensuráveis. Essa dica tem relação com a dica anterior: "Especifique suas metas ao máximo", pois se não são mensuráveis, não tem como especificar.

• Defina metas em torno de um propósito.

Quando as metas giram em torno de um propósito de vida, elas têm um valor muito maior e você tem mais motivação para atingi-las.

• Defina metas positivas.

Nossas mentes se direcionam mais para a negatividade do que para a positividade na maioria das vezes. Em várias situações da vida, inclusive na definição de metas, falamos o que não gostaríamos ao invés de falar o que gostaríamos, e isso é prejudicial. Troque o você não deseja pelo que você deseja, assim você foca e age para chegar ao destino que quer e não para fugir do que não quer. Mudar essa visão pode parecer besteira, mas eu garanto que é muito poderoso. Definir uma meta negativa é a mesma coisa que dirigir olhando somente para o retrovisor em vez de dirigir olhando para frente. Não atingimos metas somente olhando para o lugar de onde viemos ou para onde não queremos ir, atingimos metas olhando para onde iremos.

• Defina grandes metas.

Grandes metas fazem você exceder os limites impostos por si mesmo, fazem você explorar muito mais do seu potencial, quer você as atinja ou não.

Uma frase maravilhosa é: "Mire na lua. Mesmo que você erre cairá entre as estrelas." - Norman Vincent Peale

• Defina um planejamento.

O planejamento é crucial para atingir suas metas. Faça um cronograma com metas divididas em etapas, metas mensais, semanais e diárias para atingir metas de maior prazo.

• Atinga suas metas aos poucos.

Mais uma vez o meu conselho é trabalhar aos poucos pelas metas.

A maioria das pessoas quer atingir suas metas rapidamente, assim como quer começar a praticar um hábito com excelente execução em pouco tempo (como eu citei no "Hábito 1: Crie bons hábitos"), porém isso faz as pessoas postergarem o começo da prática de um hábito ou desistirem dele antes mesmo de se consolidar. É a mesma coisa com as metas: as pessoas querem atingi-las em largos passos, mas por quererem isso acabam postergando seus sonhos e metas e, se iniciam, desistem rapidamente. Largos passos acabam sendo mais demorados do que os pequenos passos. Quando você atinge uma meta aos poucos, você "funde" a meta na sua rotina. Não há uma grande mudança, por isso não procrastinamos.

Comece a realizar seus sonhos hoje.

4

Tenha uma boa gestão do tempo

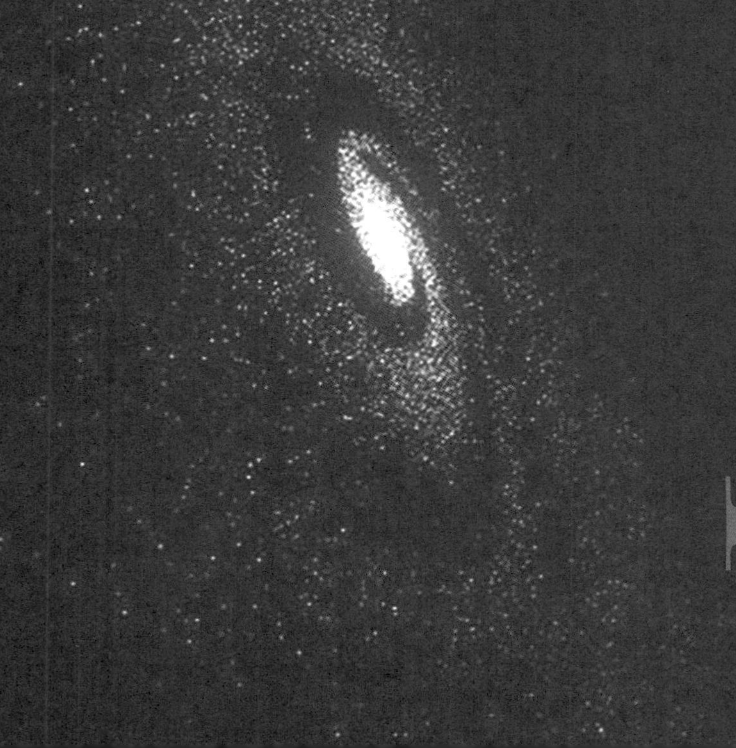

"O tempo é o recurso mais escasso e, a menos que seja gerenciado, nada mais pode ser gerenciado." Peter Drucker

Todos nós consideramos a vida muito curta e rápida, fazendo o tempo ser, em nossa visão, um recurso extremamente escasso. Mas será que isso é verdade?

Para mim essa visão de escassez não é pela quantidade de tempo em si que temos, mas pelo valor que damos ao tempo. Não tem como de fato acharmos o tempo escasso pela quantidade de tempo que cada um tem na vida, pois não sabemos quando nosso tempo vai acabar. **O que faz a vida ser longa ou curta, ou uma pessoa ter muito ou pouco tempo, na minha visão é o valor e significado que cada um dá a sua vida e ao seu tempo.**

"Não recebemos uma vida breve, mas a fazemos: dela não somos carentes, mas pródigos. Tal como amplos e magníficos recursos, quando vêm para um mau detentor são dissipados num instante, ao passo que, por mais modestos que sejam, ser entregues a um bom guardião, crescem pelo uso que se faz deles, assim também a nossa existência é bastante extensa para quem dela bem dispõe." Sêneca

O tempo pode ser escasso não porque recebemos uma quantidade escassa dele, mas porque o desperdiçamos — e o desperdiçamos por não lhe dar valor.

O valor que se dá à vida e ao tempo deve ser maior e mais importante do que a quantidade de tempo.

Um paradoxo que prova ainda mais isso, é que apesar de termos vidas cada vez mais longas, mais curta e rápida a vida parece ser, tornando o tempo ainda mais escasso. Talvez você tenha reparado que a vida e o tempo passam cada vez mais rapidamente, isso é porque quanto mais tempo temos, menos valor lhe damos e mais o desperdiçamos, tornando a vida e o tempo mais curtos. A abundância gera escassez se não sabemos lidar com ela.

A gestão do tempo então se torna a chave para uma vida longa, para aproveitar ao máximo o tempo e seu potencial.

Todas as pessoas, incluindo aquelas que mais exploram seus potenciais e aquelas que menos exploram, têm a mesma quantidade de tempo todos os dias: 24 horas.

Como podemos usar esse tempo para explorar ao máximo o nosso potencial?

O hábito de uma boa gestão do tempo inclui a **definição de metas diárias baseadas em metas de longo prazo.** A definição de metas é importante para um boa gestão do tempo e uma boa gestão do tempo é importante para atingir metas — os hábitos se interligam.

Um dica é **definir uma intenção a cada dia,** que seria uma meta prioritária, que não necessariamente precisa ser uma atividade mas pode ser um estado de espírito ou uma habilidade. Assim você traz um propósito maior ao dia e, consequentemente, mais motivação e inspiração.

Devemos **excluir hábitos tomadores de tempo** da nossa rotina. Hábitos como ficar horas nas redes sociais sem um propósito, nos fazem desperdiçar muito desse recurso — que não é escasso, mas por causa desses hábitos se torna.

Segundo um estudo divulgado pelo Cuponation, os brasileiros passam em média, 5 horas diárias em redes sociais. Por semana, seriam 35 horas — mais que um dia, e descontando as cerca de 8 horas de sono (que de qualquer forma não podemos fazer outra coisa a não ser dormir) seriam mais de dois dias.

Quanto desse tempo tomado pelo uso das redes sociais realmente nos traz um valor pelo tempo investido? Gastar cerca de um terço do nosso tempo quando estamos acordados nas redes sociais, deve ser bem avaliado.

Em um mês, seriam 140 horas investidas nas redes sociais, e em um ano, seriam 2 meses e 10 dias, sem descontar as horas de sono.

O tempo não é escasso, você o faz ser.

Fazer contas assim nos mostra realmente quanto tempo usamos para fazer coisas sem um retorno válido para o tempo investido, que poderíamos estar utilizando de uma forma muito mais positiva. Com isso, eu indico valorizar qualquer curto período de tempo, utilizando-o da melhor forma que conseguir. Minutos se tornam anos no longo prazo.

Apesar de tudo isso, **pausas intencionais e conscientes são necessárias** para uma boa gestão do tempo, melhor desempenho e melhor exploração do potencial.

A maioria das pessoas não produz e nem descansa direito. As atividades são feitas com inúmeras pausas curtas em vez de pausas estratégicas e conscientes, o que prejudica muito a produtividade, o foco, a criatividade, além do descanso também — afinal, por não produzirmos direito, não conseguimos sequer ter um real relaxamento nos momentos de pausa e não aproveitamos esses momentos para recarregar e ter um ócio criativo.

Para ter mais comprometimento consigo mesmo e procrastinar menos, cumpra o que você prometeu a si mesmo como se tivesse prometido a outra pessoa. Cumprimos com mais frequência o que combinamos ou prometemos a outras pessoas do que a nós mesmos, por isso tente igualar esse comprometimento.

Nós vivemos o tempo que a natureza nos permite viver, sem contudo mostrar esse tempo. Cabe a nós fazer valer cada segundo da nossa existência.

5

Dê o seu "melhor"

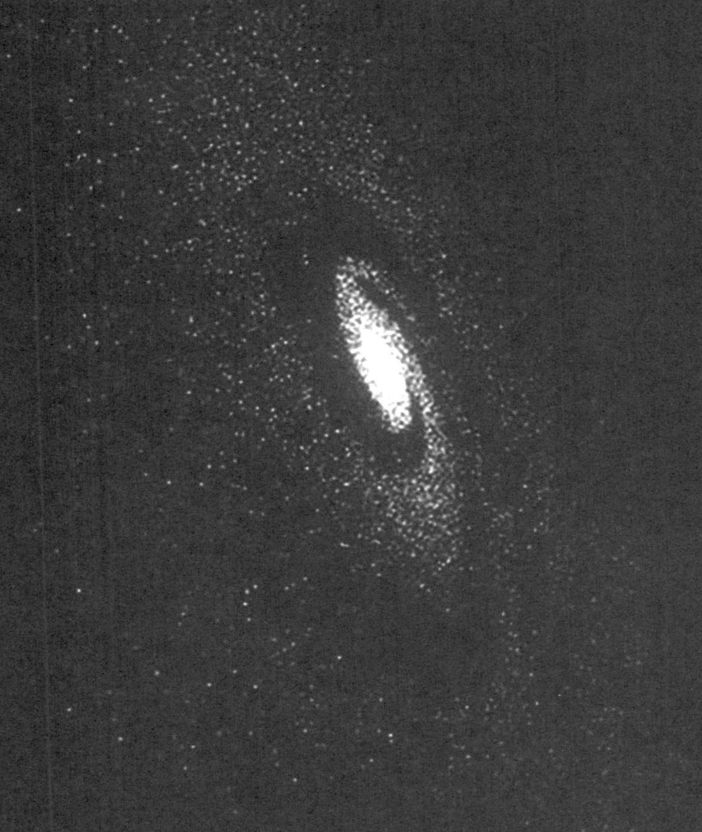

Este é o hábito que permite que todos os outros sejam praticados. Não é possível explorar plenamente nosso potencial, pois ele é infinito, como eu já expliquei— ou seja, o nosso melhor, máximo ou pleno não existe. Por isso, o que quero dizer com dar o seu "melhor", é o melhor que você conseguiu, não porque você não consegue mais, e sim porque foi o que você conseguiu materializar de forma consciente do seu potencial em um certo dia e com certas circunstâncias. Isso deve, por mais simples que seja, ser aplicado em todas as atividades e todos os dias.

Dar o seu "melhor" é realizar as atividades com presença, focando sua atenção e energia nelas, buscando sentir prazer mesmo que você não veja nenhum naquela ação e sem pensar nas recompensas. É fácil sentir prazer em dar o seu melhor quando isso gera bons resultados, mas o desafio é quando o produto não é bom.

Para conseguir explorar o seu potencial em ações ou hábitos que você considera importantes, explore o seu potencial em ações e hábitos simples que considera “irrelevantes”.

Muitas das atividades que não gostamos de fazer, não é porque de fato elas são desagradáveis, e sim porque não buscamos fazê-las com presença, sem julgamentos e dando nosso melhor. Não gostamos de determinada atividade pois não nos abrimos a gostar dela, a encontrar algum prazer, fazemos pensando nas recompensas ou como obrigação, por isso nos fechamos. Aprendemos com esse hábito que apreciamos uma ação não pela ação em si, mas pela mentalidade. É possível apreciar qualquer que seja a ação, e isso é dar seu "melhor".

Dar o seu melhor faz você apreciar qualquer ação.

Seja uma atividade do trabalho, arrumar sua cama, fazer um exercício, conversar e escutar alguém ou ver um filme com a família, dê seu melhor. Quanto mais praticado esse hábito, melhor será sua execução e a exploração do seu potencial, e mais intensamente você viverá a sua vida. É necessário valorizar cada ação, de grande ou pequeno valor, e dar seu máximo.

Grandes resultados são criados a partir de pequenas ações, então se treine a dar seu máximo desde pequenas ações e hábitos do dia a dia que talvez você não dê valor ou que, depois de tanto repetir, executa de forma inconsciente.

Falarei mais sobre viver o presente, algo que falei muito nesse hábito, no final do livro — no Hábito 18, hábito que considero o mais importante de todo o livro, mas você deve ler os outros para captar seu poder.

6

Pratique a respiração consciente

Entre as mais ou menos 20 mil vezes que você respira por dia, quantas você faz de maneira consciente?

A respiração consciente é aquela controlada e profunda que tem a capacidade de nos conectar à presença, a plenitude e abundância do agora, ou seja, conectar-nos ao presente, onde a vida acontece. Respiramos de forma automática assim como vivemos de forma automática durante grande parte da nossa vida. **Para viver com presença é necessário praticar o hábito de respirar conscientemente.**

Muitas pessoas quando pensam na meditação imaginam como algo muito distante delas, ou não se identificam com a prática pois acreditam que é místico ou zen demais para elas, ou não sentem muito interesse porque não conhecem o poder da meditação e como a prática pode mudar vidas, ou ainda porque acreditam que é difícil, acham que para realizar tem que estar em certa posição, não pode se mexer, tem que ser praticada durante um tempo certo, não pode pensar em nada etc — tudo isso faz parte de uma visão errônea sobre a prática de meditar, completamente contrária ao objetivo da meditação.

A meditação é simplesmente uma sequência de respirações conscientes, por isso é para todos. É muito mais simples do que você imagina, e tem um poder transformador.

Eu considero a respiração consciente e a meditação o grande segredo da vida.

A respiração consciente é uma das maneiras de nos conectar a uma fonte infinita de energia, o que podemos fazer quando nos conectamos plenamente ao presente pois é nele que essa fonte está. Um grande problema da humanidade são os roubos de energia. Nós, seres humanos, roubamos energia uns dos outros de maneira intencional ou não intencional, e isso por não aprendermos a **nos conectar à fonte infinita para nos abastecermos.** É por isso que a maioria dos conflitos acontecem. Essa fonte infinita é interna, é seu Infinito Potencial ou O Infinito Eu. Talvez você não tenha consciência de sua existência e está desconectado na maior parte do tempo, mas você pode se conectar a essa fonte através de uma simples respiração consciente e meditação.

Você pode fazer meditações guiadas, ou seja, em que uma pessoa guia a sua meditação com afirmações e visualizações, você pode fazer uma sequência de respirações durante um tempo ou um número de respirações determinado, ou de forma livre. Você pode fazer sentado, deitado ou durante alguma atividade para estar presente nela. Faça da maneira que puder e quiser — o importante é fazer, não importa a maneira!

Eu sugiro fazer dois tipos de respirações conscientes no seu dia a dia. O primeiro é de tempos em tempos, em período determinado por você ou simplesmente quando sentir vontade, fazer uma pausa meditativa. Separe um tempo para parar o que está fazendo, fechar os olhos e respirar conscientemente. Sem desculpas, pode ser até de um minuto, mas com plena presença. Não deixe de fazer assim que acordar e antes de dormir, dois momentos fundamentais para nos abastecermos por meio da conexão com a fonte infinita interna.

O outro tipo de respiração consciente que eu indico é respirar conscientemente durante atividades. Pode ser durante um exercício corporal (o que é muito indicado para melhorar o desempenho na atividade), durante o banho, enquanto escova os dentes, cozinha, come etc. Isso conectará você plenamente ao presente, trazendo foco e presença à sua atividade.

Não se frustre quando sua mente divagar: isso é o natural da mente, e com o tempo você vai sentir cada vez mais facilidade em silenciar a mente e se conectar ao presente. Quando um pensamento vier, sinta-se grato pois era para ele surgir, e tente deixá-lo ir embora. Durante a meditação repare em suas sensações, seus sentimentos, seus pensamentos e sua respiração. Repare em seu entorno, a temperatura do ambiente, o que está em contato com o seu corpo etc.

Uma dica é seguir os princípios do Yoga Antigo para utilizar a total capacidade pulmonar, que é a maneira mais correta de respirar, mas que a maioria das pessoas não conhece. Observe sempre que os pulmões devem encher-se primeiramente na parte de baixo, logo na parte média e finalmente na parte alta e esvaziarem-se de forma inversa. Todas as pessoas, na maioria do tempo, de forma consciente ou inconsciente, respiram apenas enchendo a parte de cima do pulmão, na parte das costelas. Essa falta de uso de toda nossa capacidade pulmonar potencializa nossa ansiedade, nosso medo, nosso estresse, nossos sentimentos negativos no geral, pois **não utilizamos essa atividade que nos mantém vivos em sua forma plena.** Reparar nisso vai fazer você focar mais ainda no presente.

Com a meditação aprendemos e nos conectar ao poder do silêncio, tanto o silêncio exterior quanto o interior — o mais poderoso. No mundo tão abundante em informações, é necessário saber silenciar o exterior e interior para saber lidar com tudo de uma forma melhor. Quando nos conectamos ao silêncio exterior, espelhamos o silêncio exterior ao interior e vice-versa. Aprendendo a nos conectar ao silencio exterior, criando o interior, nós aprendemos também a criar o interior para que, mesmo quando no exterior o silêncio não estiver presente, criarmos esse silêncio. **Nosso exterior é um espelho do nosso interior.** Perceba o silêncio. Crie o silêncio. Ele desperta a presença pois é apenas com a presença que você pode ouvi-lo.

A meditação nos conecta à natureza. Existe coisa mais natural que a respiração, que nos mantém vivos? A meditação consciente nos conecta à vida, à nossa essência, nos conecta à consciência de que não somos algo separado da natureza, nem somos apenas uma parte separada de outras da natureza: nós somos a natureza, nós somos o todo, e podemos sentir isso por meio da meditação.

7

Exercite a sua criatividade

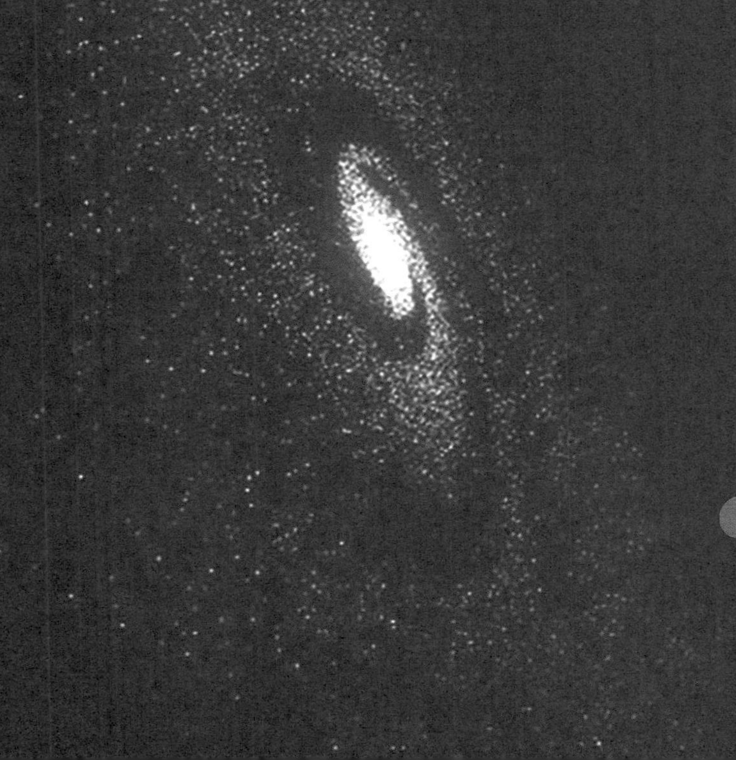

O potencial criativo é responsável pelo nosso Infinito Potencial, e o ato de tornar o potencial criativo real é responsável por tornar real também todo o nosso potencial.

A criatividade é uma das habilidades humanas responsáveis por termos um Infinito Potencial e torná-lo real. Por que não desfrutar ao máximo dessa habilidade?

Geralmente nós relacionamos criatividade apenas com habilidades artísticas e consideramos que nascemos com níveis diferentes de criatividade, e que não teria como mudar isso. Porém essas ideias não condizem com a verdade e são extremamente limitantes.

Criatividade é a imaginação prática, é usar a imaginação para criar uma ação, para criar a solução de um problema, necessidade, criar uma oportunidade etc. A imaginação é essa habilidade humana de visualizar imagens, ideias e situações sem necessariamente ver ou passar por aquilo.

Como a criatividade é a imaginação para criar uma ação e todos os seres humanos têm a mesma capacidade de imaginar, logo, todos temos a mesma capacidade de criar. O problema é que nós nascemos criativos, mas deixamos de ser ao longo da vida.

Segundo estudos da NASA, aos 5 anos, 98% das crianças estão no auge da criatividade, já aos 10 anos essa porcentagem cai para 30%, e acima dos 25 anos apenas 2% das pessoas demonstram criatividade.

Como já disse, a época em que mais exploramos o nosso potencial é na juventude. Nessa mesma época também estamos no auge da criatividade, e não é por um acaso. Quando somos crianças, somos exploradores, curiosos e questionadores, não vivemos no modo automático, ou seja, também exploramos mais o nosso potencial, por isso somos mais criativos — e também por sermos mais criativos, exploramos mais o nosso potencial. Porém, deixamos de ser e fazer tudo isso ao longo da vida.

Ao crescermos, passamos a utilizar menos e dar menos valor à imaginação. Optamos, na maioria das vezes, por não usar a criatividade para solucionar nossos problemas, dando preferência a soluções "padrão" e pensadas por outras pessoas.

Isso acontece pois somos ensinados desde pequenos a seguir padrões, somos colocados em uma caixa, ou seja, nosso potencial se torna limitado. Quando, em vez de seguir o mesmo caminho que outras pessoas já seguiram e optamos por criar nossas próprias soluções, estamos livres de limites, estamos nos deparando com as infinitas possibilidades e o nosso Infinito Potencial.

E mesmo sem utilizar a criatividade, existem situações muito recorrentes em que somos obrigados a ser criativos. Frequentemente nos deparamos com situações que não têm uma solução padrão ou precisamos criar uma solução melhor para um problema. Por isso a importância de ir exercitando a criatividade, para que nessas situações consigamos dar o nosso melhor.

Mesmo assim, a criatividade não é uma habilidade utilizada pontualmente, não é uma habilidade que usamos apenas quando nos deparamos com uma situação específica: ela está ativada 24 horas por dia. Exercitá-la é importante para saber lidar com situações pontuais nas quais se necessita uma solução criativa, e também para diariamente obter ideias, criar oportunidades, comunicar-se melhor, escrever com mais eficiência, além de ser essencial para a prática de vários hábitos deste livro. A intenção de desenvolver a criatividade muda nossa maneira de ver o mundo, tornando-nos mais exploradores e curiosos, assim como éramos quando crianças.

Criatividade é a arte de conectar ideias.

Murilo Gun é professor de criatividade e meu querido amigo, responsável pelo meu primeiro contato com o estudo da criatividade através de seus cursos, podcasts e palestras.

Ele explica e representa em três etapas o nosso **processo criativo: *input,* processamento e *output.***

Segundo ele tudo se inicia nos *inputs,* que representa as informações que aprendemos que então são armazenadas em nosso repertório.

O processamento é a etapa de quando criamos, e o *output* representa quando botamos para fora as nossas ideias.

Podemos renomear essas três etapas como **curiosidade, combinação e coragem.** Renomeamos a etapa de *inputs* como curiosidade porque para adquirir *inputs,* aprender informações, precisamos da curiosidade. É a partir da curiosidade que exploramos, questionamos e então aprendemos.

A etapa de *output* recebe o nome de coragem porque para colocar uma ideia para fora necessitamos de coragem. E renomeamos a etapa do processamento como combinação porque é nessa etapa que combinamos os *inputs.*

Uma lição transformadora é que toda ideia é o resultado da combinação de outras. Nenhuma ideia é criada do nada, a única criação que surgiu do nada foi o universo, fora isso, todo o resto foi criado a partir de combinações. **Tudo que criamos, criamos através de combinação de *inputs.***

Esse pensamento muda todo o seu processo criativo: muda a etapa de *input,* processamento e *output.*

Tendo consciência disso você se torna mais curioso sobre tudo, pois sabe que **qualquer *input* pode ser combinado com outro ou outros para criar uma nova ideia.** Vou falar mais sobre isso e dar exemplos de criações que surgiram por meio da combinação de outras no próximo hábito: Hábito 8.

Muda também a nossa maneira de seguir a etapa *output*, representada pela coragem, pois entendendo que toda ideia é resultado de outras, nós entendemos também que toda ideia, ruim ou boa, pode ser combinada para formar outra. Isso nos dá mais coragem para colocar a ideia para fora, conversando com pessoas por exemplo, que podem ajudar a criar combinações utilizando o repertório delas. Não julgue ideias, elas podem ser combinadas com outras e se tornarem incríveis.

Técnicas práticas de criatividade:

• Tenha um caderno de *input* e *output*.

Eu sempre ando com um caderno no meu dia a dia para anotar *inputs*, novas informações, ideias e soluções criativas com que entro em contato e também os meus *outputs*, ideias bobas ou ótimas que tive durante o meu dia. O principal benefício desse hábito é conseguir armazenar de uma maneira mais segura os *inputs* e *outputs*, pois grande parte deles esquecemos. Com o hábito de anotar tudo, julgamos menos se uma ideia é ruim ou boa e podemos tê-las guardadas para serem combinadas com outras na hora certa.

• Escreva no papel.

O computador ou celular podem ser muito práticos para escrever, mas podem ser prejudiciais para a criatividade, pois, como no computador podemos apagar facilmente, quando escrevemos nele, acabamos julgando e apagando mais — o que, como já vimos, não tem a ver com a criatividade.

• Faça um ritual da escrita todos os dias.

Um ótimo exercício diário para a criatividade é escrever. Mais especificamente, eu indico um exercício para ser realizado durante a manhã, que é o momento em que geralmente somos mais criativos: se forçar a escrever três ou mais páginas. Pode parecer muito e por isso difícil de fazer, mas é justamente essa a questão: você vai ter que forçar a sua mente a criar ideias para escrever naquele papel. Escreva, sem pensar muito. Podem surgir incríveis ideias ou ideias que podem se tornar incríveis depois, além de ser uma oportunidade para treinar o improviso.

• Exercício da palavra em 5 minutos.

Falando em improviso, outro exercício para treinar a criatividade e o improviso é o exercício de sortear palavras e se forçar a falar sobre elas durante 5 minutos ou mais. Escreva em pedaços de papel palavras aleatórias, sorteie e cronometre 5 minutos ou mais, durante os quais você vai se esforçar para falar ao máximo sobre aquele tópico. Além de exercitar a criatividade e o improviso, essa atividade também exercita a comunicação e a aprendizagem e pode ser um jogo divertido para jogar com amigos ou sozinho!

8

Aprenda um pouco sobre tudo

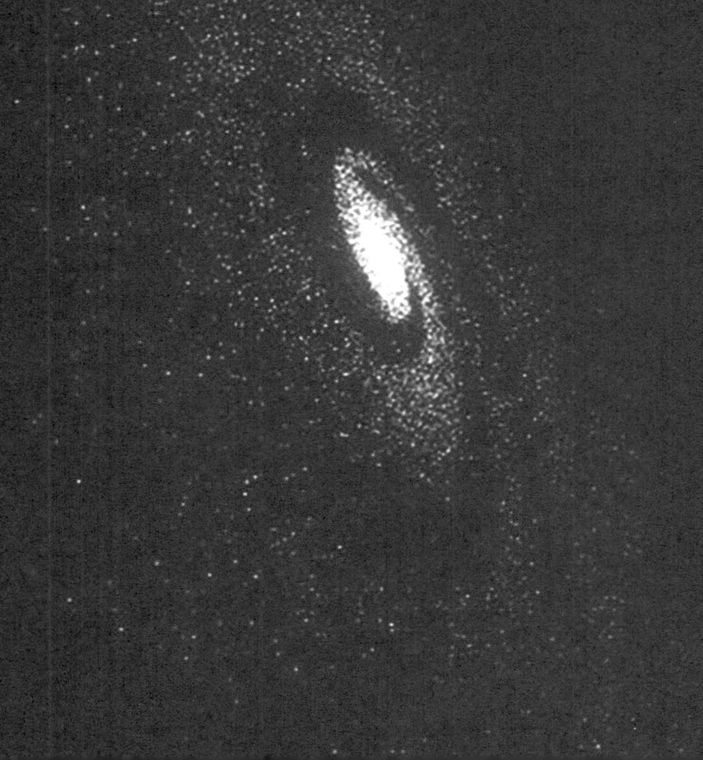

As ideias inovadoras são aquelas que surgem através da combinação de ideias de diferentes áreas.

Como a criatividade é a combinação de ideias — ou seja, toda ideia é criada a partir da combinação de outras — para ser mais criativo é necessário ter um grande e valioso repertório de ideias. **Um repertório valioso é aquele com ideias de diferentes áreas,** pois possibilita a criação de mais ideias e ideias mais inovadoras.

As pessoas não são curiosas no geral, pois sentem interesse em aprender apenas os assuntos que trariam um benefício direto em sua vida, seja por se tratar de um assunto que gostam, seja porque está relacionado a sua área profissional. Mas sabendo que toda ideia é resultado da combinação de outras, nós aceitamos que qualquer input pode sim somar em nossas vidas, fazendo-nos criar mais ideias que se apliquem em diversas situações.

Quanto mais ideias armazenadas em seu repertório, mais você vai criar. E para ideias mais inovadoras, o segredo é combinar ideias de diferentes áreas.

Exemplos de criações:

Uma ideia famosa é que o *drive-thru* foi inspirado no *pit-stop* das corridas de Fórmula 1. O *pit-stop* é uma pausa de alguns segundos durante uma corrida, quando os pilotos dirigem até um ponto específico onde estacionam seus carros, trocam pneus e reabastecem o combustível de seus veículos. Tudo isso leva segundos, pois o resto dos competidores segue na corrida. Para que isso seja realizado no menor tempo possível, cada pessoa da equipe tem uma função. O mesmo acontece em restaurantes como o McDonald's.

O primeiro carrinho de bebê dobrável foi inspirado no trem de repouso retrátil dos aviões.

O velcro foi criado por George de Mestral após seu cachorro aparecer coberto de plantas do gênero *Arctium*. Ao analisá-las, veio a inspiração.

No Japão, o som de alguns trens-bala extrapolava os padrões ambientais de poluição sonora. A solução do problema foi inspirada pelo martim-pescador, uma ave que precisa mergulhar para se alimentar, passando rapidamente de um ambiente de baixa resistência (ar) para um com muita resistência (água). Assim, o nariz do trem-bala foi remodelado para um formato similar ao bico do martim-pescador.

Um conceito utilizado no mercado de trabalho para designar um profissional que procura aprender um pouco sobre tudo é o de "generalista".

"Ninguém consegue êxito sendo um generalista, só sendo um especialista": essa frase representa um grande paradigma existente em nossa sociedade, que incentiva as pessoas a serem especialistas em vez de generalistas. O profissional especialista foca somente em sua área de trabalho, explorando o seu potencial somente naquela área com o intuito de dominar todos os conhecimentos dela. **Já o profissional generalista explora a sua área e não se limita a ela:** ele procura expandir o seu conhecimento para, além de acumular mais conhecimentos gerais, ser ainda melhor na sua área de origem, podendo se reinventar mais facilmente, ser mais criativo e inovar.

Existe uma pressão social em ser especialista para não parecer uma pessoa sem foco ou que não sabe o que quer, porém uma pessoa conscientemente generalista sabe o que quer porém não foca somente em uma área, e sim em todo o seu potencial. O foco de um especialista é limitante, restringe seu potencial.

No mundo atual de mudanças constantes e mais rápidas do que nunca, dominar conhecimentos de diferentes áreas é necessário para uma boa reinvenção. É necessário entender **que todas as áreas se influenciam de forma direta ou indireta, tudo está conectado,** e vão se conectar ainda mais com o passar do tempo.

Uma maneira simples de se adaptar, que não precisará de muito esforço, é simplesmente mudar o seu *lookset,* a "configuração do seu olhar" — ou seja, sua maneira de olhar o mundo ao seu redor com mais curiosidade e interesse. Aproveite a tecnologia para buscar infinitos *inputs* respondendo a todas as suas perguntas.

Tenha um olhar de *zoom in* e *zoom out*, como explica Murilo Gun. *Zoom in* é o ato de entender a ideia com a qual você entra em contato, para isso é necessário curiosidade e questionamento; já o *zoom out* consiste em extrair a base da ideia depois de entendê-la, criando um modelo que pode ser aplicado para outra área e em outra situação.

No caso do exemplo do McDonald's, foi identificado e extraído o modelo de operação em que cada pessoa tem sua função para agir da forma mais rápida. Na sequência, isso foi aplicado de uma forma diferente, adaptando-se ao modelo operacional de um restaurante.

9

Corra riscos

É apenas correndo riscos que ultrapassamos os nossos limites, ou seja, descobrimos que não os temos.

A segurança e a liberdade são duas palavras que baseiam nossas vidas. Elas são inversamente proporcionais: quando aumento a minha segurança, diminuo a minha liberdade, e vice-versa. O que nos faz diminuir ou aumentar um desses dois polos são os riscos: o caminho da segurança tem menos riscos, e o da liberdade, mais riscos.

Nós somos ensinados desde pequenos que devemos evitar a qualquer custo os erros e fracassos, ou seja, que não devemos correr riscos — por isso o caminho mais escolhido pela maioria das pessoas é o da segurança, mas, como o próprio nome diz, o caminho que nos possibilita explorar mais do nosso infinito potencial é o caminho da liberdade.

O primeiro passo para adquirir esse hábito e uma das coisas mais importantes deste livro todo é ressignificar o fracasso.

Como falei em momento anterior, **o fracasso é sempre uma oportunidade de explorar mais do nosso potencial.** Quando tentamos algo, corremos um risco e não fracassamos, a tentativa finaliza ali e exploramos o nosso potencial em apenas uma tentativa. Quando tentamos, corremos um risco e o risco do fracasso, por exemplo, se torna real, a tentativa não finaliza ali: para finalizar, ou seja, conquistar o que queríamos (ou algo melhor ainda), precisamos tentar mais, criar outras possibilidades, mudar de caminho, e isso é pura exploração do nosso potencial!

"Cada fracasso traz junto de si a semente de um sucesso equivalente." Napoleon Hill

O fracasso nos coloca em uma situação que nos obriga a tentar mais, a explorar mais do nosso potencial, e é nessa situação que mais utilizamos a nossa mente, nossa imaginação e criatividade para conquistar o que queríamos ou algo ainda melhor.

O maior risco é não correr riscos.

Na verdade, as duas palavras que baseiam a nossa vida não são segurança e liberdade, são perigo e liberdade, pois esse primeiro caminho, a "segurança", é baseada em não correr riscos temporários, mas o risco de fato que não é temporário é não correr riscos. Não tem nada de seguro em não explorar seu potencial, assim como **a zona de "conforto" da maioria das pessoas não é nada confortável,** tanto que todas sabem que precisam sair da zona de "conforto".

Na realidade, não se deve apenas sair da zona de "conforto" desconfortável; deve-se criar uma nova zona de conforto no "desconforto", que não é desconfortável por uma ótica, pois é a zona da exploração do seu potencial, a zona natural do ser humano. Faça com que a real zona de conforto seja a sua zona de conforto, onde você está presente todos os dias, para viver a vida de mais liberdade e menos perigo. Essa é a maior segurança.

Existem riscos em absolutamente tudo na vida, por isso, aprenda a assumi-los de forma positiva. Quando falamos em correr riscos, pensamos que são decisões tomadas sem pensar e sem um plano, porém os riscos que eu incentivo neste livro são os riscos pensados, planejados e conscientes. Não é porque um fracasso te traz uma oportunidade de explorar mais do seu potencial para obter o mesmo resultado esperado ou até mesmo um melhor que você vai querer fracassar, pois o fracasso pode fazer você gastar mais energia, tempo ou dinheiro. Ter medo do fracasso é bom até certo ponto, pois nos faz criar melhores alternativas e nos aperfeiçoar, porém o que não pode acontecer é deixar que esse medo nos paralise ou adie muito nossas realizações. Tudo é questão de avaliar — avaliar se o seu medo está beneficiando você, fazendo você criar uma melhor alternativa com menos riscos e que terá o mesmo (ou melhor) resultado ou se ele só está paralisando você. Siga sua intuição.

É muito melhor se arrepender pelo que fez do que pelo que não fez.

Fazendo tudo que você quer e sente que deve fazer, calculando o risco e não deixando o medo paralisar você, mesmo que você fracasse ou se arrependa, você vai saber que tentou e seguiu sua intuição. Sempre prefira, dentro das suas opções, seguir o que no fundo você sabe que deve ser feito.

Mesmo se você corresse um risco e não adquirisse nada de positivo por meio dele, mesmo se você não explorasse mais do seu potencial e aprendesse algo (o que é impossível), você ganharia o benefício de sair do mistério. Além de podermos nos arrepender por termos fracassado, também arriscamos nos arrepender quando não deixamos de tentar, porém ele poderia nem ter sido tão positivo, mas por não o correr, ficamos no mistério e remoemos sem nunca saber como seria. Ou seja, outro motivo para correr riscos é sair do mistério, independentemente de o risco acabar sendo positivo (que sempre pode ser) ou negativo.

Lembre-se de viver a vida sabendo que um dia você não vai mais estar aqui. Muitas vezes não fazemos isso, vivemos como se a vida fosse eterna e automática. Se as pessoas soubessem a data de sua morte, tenho certeza de que a maioria teria uma vida completamente diferente, correndo mais riscos, fazendo o que sentem que devem fazer. O fato de não sabermos a data da nossa morte era para nos fazer viver uma vida ainda mais intensa e significativa, pois pode ser a qualquer momento.

10

Dedique-se a habilidades artísticas

A arte acompanha o homem desde os primórdios da humanidade, ou seja, a história da arte caminha junto com a história da própria humanidade e com ela se conecta intimamente. A arte é a extensão do ser humano, é tudo que é expressado e criado pelo homem, por isso a eterna relação do homem com a arte. E não é novidade que essa relação pode ser muito benéfica em vários sentidos para o ser humano: admirar a arte, e principalmente criar, tem enormes benefícios à qualidade de vida.

Um tipo de reflexão que existe há milhares de anos e compõe um ramo da filosofia é conhecido como Filosofia da Arte ou Estética, que tem como objetivo estudar a natureza da beleza e os fundamentos da arte. Filósofos como Platão e Aristóteles se debruçaram sobre essas questões e chegaram a diferentes pontos de vista sobre o tema. **Para Aristóteles, por exemplo, a arte é uma criação humana, ou seja, não pode ser desligada do homem, está e sempre estará em nós.** Ele também acredita que a arte pode imitar a natureza e também completar o que falta nela.

Você não precisa viver de habilidades artísticas ou ser muito bom para dedicar-se a elas: dedique um pouco da sua rotina simplesmente pelos benefícios para a vida no longo prazo e pelas vantagens instantâneas. Já sabemos que para qualquer tipo de habilidade é válido, se possível, praticar, nem que seja uma vez, para explorar um pouco do seu potencial nela. Mesmo que você não acredite antes de praticar, aquele pode ser um de seus talentos e paixões, mas você só vai descobrir se realmente tentar.

Habilidades artísticas como tocar instrumentos dependem de instrumentos, e é necessário adquirir certos conhecimentos musicais para isso, mas existem certas habilidades artísticas que você não precisa de nada para dar o primeiro passo: precisa apenas dedicar um pouco de tempo. Escrever, por exemplo, um texto, diário, poema, letra de música, é uma dessas atividades, assim como desenhar. Elas são consideradas simples, mas fazem você desenvolver mais a criatividade, expressar-se mais e, se praticadas com constância, podem ter um enorme impacto positivo.

Se dedicar a habilidades artísticas é um ótimo ócio criativo, intervalos muito benéficos para a criatividade e mais ainda quando eles envolvem uma habilidade artística que já nos faz desenvolver mais a criatividade.

Os instrumentos são fascinantes e incríveis opções para você explorar seu potencial nas habilidades artísticas. Tocar instrumentos melhora a memória, a atenção, a coordenação motora, o emocional etc.

Um estudo publicado no *Journal of the American Art Therapy Association* mostrou que a dedicação de apenas 45 minutos a habilidades artísticas reduziu os níveis do cortisol, o "hormônio do estresse", para 75% dos participantes. Isso acontece porque criar arte pode ser como uma meditação, força a mente a diminuir a velocidade, a focar nos detalhes, bloqueando distrações da mente como preocupações etc.

11

Desenvolva uma boa comunicação

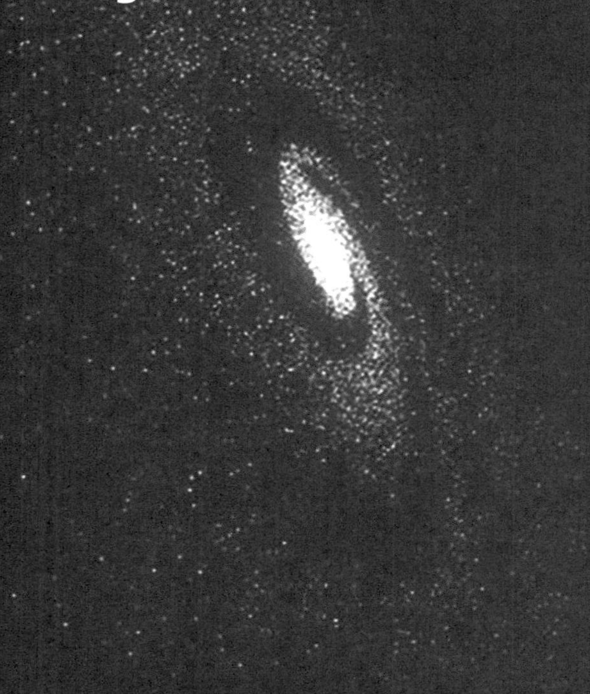

A comunicação é uma das mais importantes habilidades do ser humano. **A consciência e o conhecimento dependem da comunicação,** que também é essencial para o ser humano viver em grandes grupos, ou seja para a existência de uma sociedade. A troca de informações entre indivíduos é a base das relações humanas e, de forma bem executada, possibilita que os indivíduos se ajudem a explorar seus potenciais. Se o potencial de uma pessoa já é infinito e poderoso, imagine de pessoas juntas!

A comunicação é a ideia de cada ser humano transformar um pensamento em um símbolo, sonoro, visual ou sinestésico, tornando possível a captação e a interpretação, ou seja, a reconstrução por outros seres humanos. É nessa conversão de pensamento em sinal, e depois a conversão de sinal em pensamento, por outra pessoa, que mudanças ocorrem, criando-se um novo significado ao pensamento inicial, o que pode causar muitos conflitos humanos.

Mas, existem ideias para serem trabalhadas e praticadas para uma melhor construção e reconstrução dos sinais, para desenvolver uma melhor comunicação.

Dicas para uma boa comunicação:

• Seja um bom ouvinte.

Quando pensamos na comunicação, pensamos apenas no ato de falar, mas, mais importante do que falar é ouvir. O sinal que se emite com um significado é captado no destino com um diferente significado muitas vezes por não ouvirmos com presença e foco, por isso a importância de ser um bom ouvinte. É comum, ainda mais quando querem ter uma boa comunicação, que as pessoas não estejam presentes enquanto se comunicam com alguém, tendem a focar no que vão falar, mantendo suas mentes completamente fora da conversa.

• Não leve nada para o lado pessoal

Uma das coisas mais importantes de uma boa comunicação e uma vida mais consciente e positiva é não levar nada para o lado pessoal.

Nada do que os outros fazem para você é por causa de você, e sim por eles mesmos e nada do que você faz também tem a ver com alguém. Mesmo quando uma situação parece pessoal, mesmo que uma pessoa insulte a outra diretamente, não tem a ver com quem foi insultado. Algo que a pessoa fez pode ser uma desculpa para uma reação ou insulto, mas nós temos a opção de ter ou não uma reação, e reagir positiva ou negativamente, e isso não tem a ver com a situação — é problema de cada um. **Aprenda que o que falam para você não é seu ou sobre você, mas se torna se você acredita que é, tomando para si.** Ninguém tem a capacidade de te excluir, magoar ou deixar você feliz, causar certo sentimento, emoção ou reação: é você que causa qualquer uma dessas coisas.

Não devemos levar para o lado pessoal não só palavras negativas como também as positivas. Isso desestimula a nossa necessidade de aceitação.

- **Não critique e não reclame.**

As críticas e reclamações ferem o orgulho das pessoas e abrem espaço para o ressentimento. Elogie e recompense o bom comportamento em vez de condenar o mau comportamento. Se precisar criticar, elogie primeiro, nunca foque apenas no negativo. Para entender isso e conseguir lidar é importante a empatia, coloque-se no lugar do outro. Por mais que isso possa parecer clichê, é de extrema importância e raramente fazemos isso.

- **Demonstre sincera apreciação.**

Uma das maiores necessidades do ser humano é a de se sentir importante, então elogie bem o que deve ser elogiado e valorizado. Deve ser sincero e autêntico, pois não é bajulação, é dar às pessoas o que elas querem e compartilhar uma opinião sincera.

- **Incentive a pessoa a falar sobre si mesma e sobre os assuntos que gosta e conhece.**

As pessoas amam falar sobre si mesmas e sobre os assuntos que gostam e conhecem. As pessoas amam mostrar seu conhecimento.

Permita que as pessoas façam isso, incentivando-as com perguntas. Isso faz você mostrar que é um bom ouvinte, mostra interesse, curiosidade e foco. Aproveite também ao máximo para aprender sobre os assuntos também.

- **Evite qualquer desconforto, discussão ou conflito.**

Mesmo sendo óbvio que desconforto, discussão ou conflito não são positivos para a comunicação, muitas vezes damos espaço para eles. **Lembre-se: a única forma de vencer uma discussão é evitá-la.**

- **Admita seus erros.**

Quando erramos temos a tendência de sempre querer justificar, muitas vezes culpando o outro. Mas, como já falei, o que alguém faz não serve de desculpa para sua reação, é problema seu. Uma das melhores coisas para evitar conflitos e discussões é admitir seus erros. O que define uma pessoa não são seus erros ou a quantidade de erros que comete, mas quantos deles ela admite e o que aprende com eles. **Cada erro é uma chance de explorar seu potencial, e o primeiro passo para isso é admitir seus erros.**

Quanto mais levamos a opinião dos outros sobre nós para o lado pessoal, menos sabemos quem somos.

12

Tenha cautela nos seus pensamentos

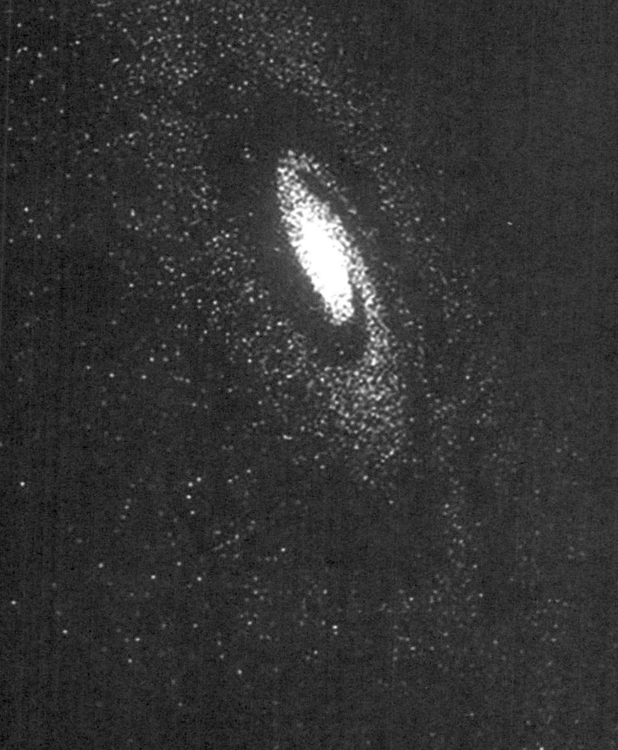

Todo ato provém de um pensamento.

Nós somos capazes de ter, por dia, uma média de 12 a 50 mil pensamentos. A grande maioria, por volta de 80% deles, são pensamentos negativos. (National Science Foundation)

Se temos um pensamento negativo, ele pode criar um ato negativo, e se temos um pensamento positivo, ele pode criar um ato positivo. É simples.

Mas além de pensamentos incentivarem ações eles também incentivam outros pensamentos. Ações e pensamentos geram emoções e hábitos. Como vimos no "Hábito 1: Crie bons hábitos", os hábitos são a base para a exploração do potencial, e como vimos agora, os hábitos se originam em pensamentos — então tudo se inicia aqui. **Nossos pensamentos são a base de tudo que controlamos.** É a base da exploração do nosso potencial.

A mente possui duas características distintas: a mente consciente e a mente subconsciente. A consciente é com a qual você pensa, e a subconsciente armazena tudo que se passa na sua mente ou que você viu e ouviu, mas nem pensou a respeito conscientemente.

Seu subconsciente responde por 90% de suas ações e estímulos. O restante, 10%, é parte do consciente.

Porém o **subconsciente é criado pelo consciente.** Ele aceita e toma como verdade qualquer coisa que sua mente consciente determina através dos pensamentos, ela leva tudo da mente consciente a sério. Qualquer pensamento que acreditamos que não tem valor e poder, é guardado lá e influencia suas próximas ações e pensamentos.

O problema é que mesmo a mente consciente sendo consciente, por causa do nosso hábito de viver em piloto automático, nossos pensamentos na maioria das vezes são automáticos e não condizem com o que queremos de forma realmente consciente, que seriam coisas positivas para nossas vidas — mais especificamente 80% deles, que são negativos. Esse hábito inconsciente vai se repetindo cada vez mais, ou seja, tornando-se cada vez mais inconsciente e mais poderoso, **causando um ciclo que nos prejudica em todas as áreas da vida:** Pensamentos negativos são aceitos no nosso subconsciente como a verdade. Mesmo se pensamos sabendo que, no fundo, não se trata da verdade, o subconsciente, por não ser racional, armazena aquelas informações. Essas informações são mandadas da mente subconsciente à consciente formando novos pensamentos e ações negativas que, por sua vez, são tomados também como verdade pelo subconsciente, que então gera mais ações e pensamentos. Quanto mais esse ciclo se repete, mais poderoso ele fica, mais difícil de ser quebrado ele se torna e mais influencia nossas vidas.

Ambos influenciam um ao outro, mas tudo inicia na mente consciente, pois é ali que temos o controle direto — por isso a necessidade de ter cautela nos seus pensamentos.

Vou falar sobre como utilizar o poder da mente consciente e inconsciente em influenciar positivamente na nossa vida criando ciclos positivos que se tornam cada vez mais fortes e inquebráveis no próximo hábito.

Mas é importante ressaltar novamente que o subconsciente capta não só o que se passa na sua mente consciente (ou seja, o que você pensa), mas também tudo que você vê e ouve, até mesmo sem ser de forma consciente. Abordarei mais sobre isso no "Hábito 14: Selecione as pessoas a seu redor".

A negatividade domina a sua mente pela qualidade e também pela quantidade de pensamentos em sua mente. **Muitas vezes a negatividade age como um preenchedor de espaço** que ocupa a porção disponível em nossas mentes. Como cerca de 80% dos nossos pensamentos são negativos, quando nossa mente está vazia, temos 8 chances dentro de 10 de o próximo pensamento ser negativo, então ao manter sempre as nossas mentes ocupadas por pensamentos positivos ou neutros fechamos as portas da mente para pensamentos negativos. Por isso a importância também de sempre agir com presença em cada

O nosso entorno é um espelho de nós mesmos: de nossa vibração, nossos pensamentos, ações, emoções, hábitos etc.

atividade, focado e pensando nela, pois assim sua mente se fecha para outros pensamentos.

Eu já falei sobre o impacto dos nossos pensamentos sobre nós mesmos, nossa mentalidade, nossos atos, hábitos etc, porém além de nos impactar (o que por consequência já impacta o nosso entorno também), a **nossa mente impacta diretamente à nossa volta,** coisas que teoricamente não dependem de nós.

Eu acredito que quando estamos alinhados ao que queremos, por pensamentos, emoções, ações, hábitos etc, além de nos mover em direção aos nossos objetivos, acabamos movendo os objetivos também em nossa direção.

Nós e tudo a nossa volta é energia. Tudo vibra. **Para de fato conquistar o que queremos, devemos vibrar na frequência correta dos nossos objetivos.** Nossos pensamentos, emoções, ações e hábitos definem nossa vibração.

Isso acontece também para o que não queremos. Se temos uma vibração negativa, estamos nos alinhando a coisas negativas que vão se direcionar ao nosso caminho. Assim como o subconsciente não é racional, não age com base no que queremos e sim pelo que fazemos, o universo, o nosso entorno age da mesma forma.

"Se você quiser descobrir os segredos do Universo, pense em termos de energia, frequência e vibração."
Henry Ford

13

Faça afirmações e visualizações

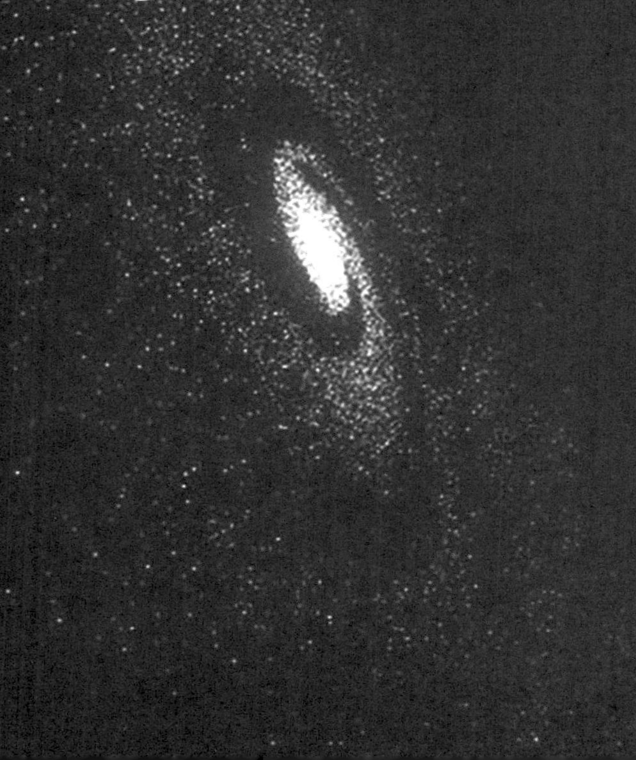

Além de ter cautela com seus pensamentos, para usufruir mais ainda do poder de sua mente consciente e subconsciente faça afirmações e visualizações — que seriam pensamentos e imagens criadas pela mente, porém com profundas intenções que serão aceitas como verdade pelo subconsciente.

Separe um tempo todos os dias para escrever as coisas que você quer pra sua vida, suas metas e objetivos em forma de afirmações e leia em voz alta. Eu sugiro que as afirmações sejam no tempo passado ou presente: "Gratidão por ter conquistado..." ou "Gratidão por estar conquistando...".

É importante que não seja "da boca pra fora", **é necessário para ser uma afirmação ter emoção.** Afirme realmente imaginando que você está conquistando suas metas e, fazendo isso, alinhando-se às suas metas e agindo em direção a elas — você realmente está! Então, sinta a emoção da conquista, isso fará você alinhar sua vibração à frequência dela e aproximará você da sua meta e ela de você.

Afirmações com emoção e repetidas com frequência são muito influentes sobre o subconsciente. Quanto mais repetir e quanto mais emoção e crença enquanto você afirma, mais o subconsciente toma como verdade e então se cria aquele ciclo: afirmações tomadas como verdade pela mente subconsciente influenciam novos pensamentos, emoções, ações, hábitos, que então afirmam mais ainda a verdade no subconsciente e isso se repete.

Além de afirmar suas metas, se visualize conquistando-as para potencializar ainda mais essas verdades em seu subconsciente, que guardará, além das afirmações, também essas imagens. Quando você afirma que está conquistando certa coisa e ainda se visualiza conquistando, você se conecta plenamente às suas metas, você sente ainda mais a emoção de conquistar o que você quer conquistar.

Uma ideia para facilitar as visualizações é fazer um mural físico ou digital com imagens do que você quer ser, ter ou fazer e entrar em contato frequentemente com esse mural.

As afirmações e visualizações positivas também são uma maneira de preencher sua mente consciente e subconsciente para deixar menos espaço para os pensamentos negativos. É uma forma de fechar as portas da sua mente para a negatividade que, como mencionei, age na maioria das vezes de forma automática, como um preenchedor de espaço.

14

Selecione as pessoas ao seu redor

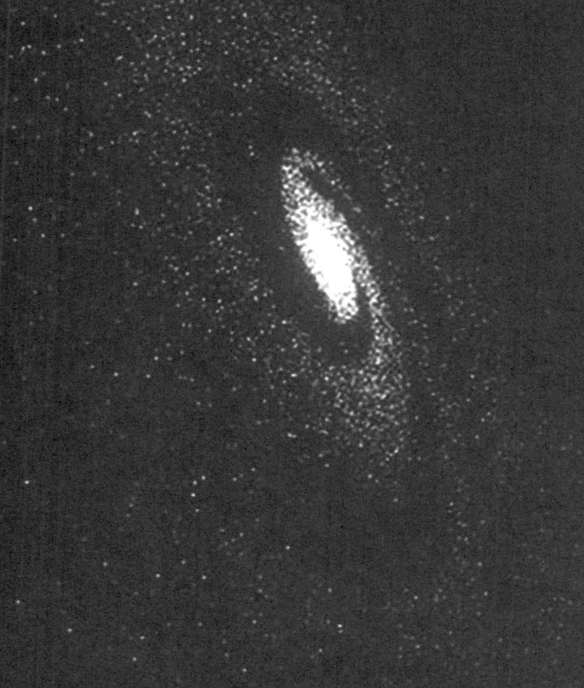

Você é a média das suas pessoas mais próximas.

Todas as pessoas com que temos algum contato, desde familiares, amigos e até as pessoas que cumprimentamos todo dia, possuem um efeito poderoso sobre nós: em nossos pensamentos, emoções, ações e hábitos. Isso pode ser difícil de admitir pois não gostamos de pensar que podemos ser influenciados com tanta facilidade, mas é um fato e deve ser usado ao nosso favor.

A maior parte da influência que sofremos é de maneira inconsciente, no subconsciente.

Como já foi dito, o subconsciente aceita tudo como verdade, tudo que você pensa, ouve e vê.

Muitos pensamentos e crenças de pessoas à sua volta se tornam suas. Muitas das nossas crenças são instaladas em nosso subconsciente desde que éramos crianças, e as mantemos para sempre ou por um longo período de vida, até quando identificamos essas crenças, discordamos delas e as substituímos.

Por isso a **importância de exercitar a reflexão e a opinião crítica** sobre tudo que você ouve e vê, pois assim se torna mais fácil recusar o que você não quer que seja tomado como verdade pelo seu subconsciente. Muitas de nossas crenças vêm desde que somos crianças, pois nessa fase não temos muita opinião crítica.

Refletir e ter uma opinião crítica sobre o que vemos ou ouvimos, além de servir para não deixar que uma informação que não concordamos se fixe no nosso subconsciente, também serve para fixarmos o que concordamos, o que então influenciará nossa vida positivamente. Então além de impossibilitar uma má influência, nós criamos uma influência positiva.

Mas muito melhor do que precisar a todo momento ter uma opinião crítica e deixar bem claro para o seu subconsciente que você não concorda com crenças, atitudes e hábitos de pessoas que você tem à sua volta, é mais fácil não ter tais pessoas à sua volta.

É difícil mudar o próximo, suas crenças e hábitos antigos. Mas é claro que é muito bom poder mudar positivamente as pessoas, então seria o ideal em certos casos — exceto quando tentar mudar uma pessoa prejudique você. Já que sabemos que as pessoas ao nosso redor exercem uma enorme influência sobre nós, significa que **nós também exercemos sobre pessoas próximas a nós!**

Dê preferência a você. Mude para então conseguir influenciar positivamente as pessoas próximas. Comece a praticar bons hábitos, explore mais o seu potencial e automaticamente as pessoas ao seu redor vão ser impactadas, de forma inconsciente talvez, e com isso você também será influenciado por essas mesmas pessoas de forma mais positiva, trazendo um impacto positivo a você também.

Procure conhecer e se aproximar de pessoas que naturalmente influenciem você positivamente, assim você poderá também influenciar outras pessoas a seu redor de maneira positiva. Busque pessoas que explorem seus infinitos potenciais, que sejam bons aprendizes, que tenham metas, que sejam criativas, corajosas, positivas, espiritualizadas — ou seja, pessoas que pratiquem os hábitos presentes neste livro!

Eduque-se financeiramente

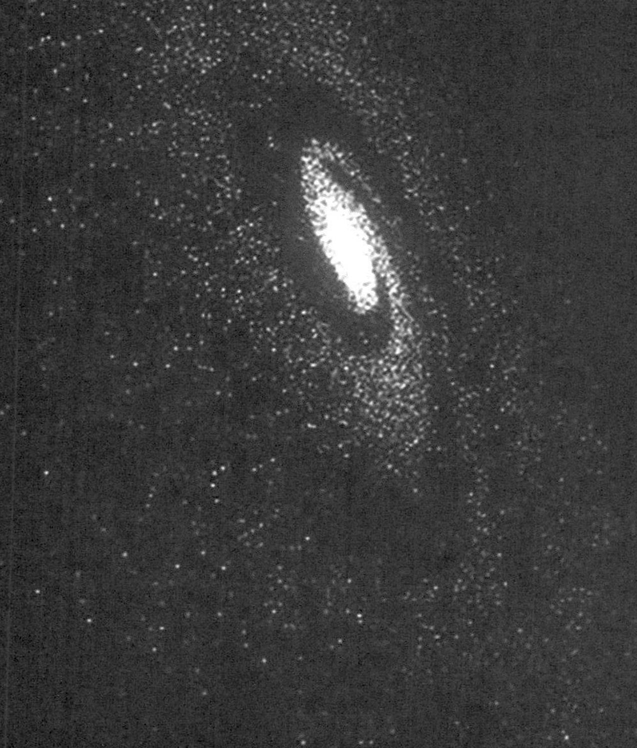

15

A maioria das pessoas está concentrada demais em ganhar dinheiro, quando o que elas deveriam realmente focar é em se educar financeiramente.

O dinheiro tem um papel absolutamente central na sociedade atual. É a questão principal dos governos, das organizações e das pessoas. O sucesso de toda sociedade é medido por meio de sua economia. Essa visão faz com que a maioria das pessoas se mova em busca de objetivos financeiros, muitas vezes sacrificando muito de suas vidas pessoais e até mesmo deixando de tomar decisões que realmente queriam por causa disso.

O problema é que, mesmo o dinheiro tendo papel preponderante na sociedade atual, não é falado ou ensinado o suficiente sobre como se relacionar com o dinheiro. Apesar de toda essa cobrança por sucesso, não se exige o mais importante para conquistas nessa área: a educação financeira, que molda nosso padrão de tratamento do dinheiro.

As pessoas devem se concentrar mais em sua educação financeira do que em ganhar dinheiro, pois a educação financeira cria um padrão de tratamento do dinheiro, **onde não importa se você ganha pouco dinheiro ou muito, você terá o mesmo resultado, pois se trata de um padrão.**

Uma boa relação com o dinheiro muda o rumo da vida de qualquer pessoa, idealmente, em direção a uma vida com mais potencial explorado, mais paixão e propósito. Educar-se financeiramente é muito mais que apenas aprender a gerir o dinheiro: é aprender a viver com mais consciência, oportunidade, criatividade, e dar valor às coisas mais importantes da vida que, na verdade, não são coisas.

"Os ricos não trabalham por dinheiro. Fazem com que o dinheiro trabalhe para eles." Robert T. Kiyosaki

Uma pesquisa da S&P Global Financial Literacy Survey, realizada em 2014, indica que cerca de 3,5 bilhões de pessoas no mundo são analfabetas financeiras. Os pesquisadores chegaram a essa conclusão após entrevistarem mais de 150 mil adultos selecionados aleatoriamente em mais de 140 economias, avaliando o conhecimento de quatro conceitos importantes na tomada de decisão financeira: diversificação de risco, inflação, juros simples e juros compostos.

Conceitos básicos da educação financeira:

- **Ativos e passivos**

"Os ricos compram ativos. Os pobres só têm despesas. A classe média compra passivos pensando que são ativos." Robert Kiyosaki

Uma forte característica de uma pessoa rica é saber identificar um ativo e um passivo.

Basicamente, um ativo é um investimento que faz você ganhar dinheiro, e um passivo faz você perder. Mesmo parecendo conceitos simples, muitas pessoas investem em passivos achando que são ativos, ou nem param para pensar nisso e não conhecem esses termos.

Os ativos são seus empreendimentos, como investimentos em fundos imobiliários, ações, criptomoedas, NFTs etc.

Os passivos são o que fazem você gastar dinheiro e você não ganha um retorno ou até mesmo entra em dívidas, como casa, carro, financiamento, empréstimo, cartão de crédito etc.

O segredo da riqueza parece ser mais simples do que se imagina: **é acumular ativos durante a vida, assim você faz com que o dinheiro trabalhe para você.**

• Fluxo de caixa

O fluxo de caixa é o movimento padrão de entrada e saída do caixa de dinheiro de uma pessoa ou empresa. É necessário identificar o seu fluxo de caixa para assim fazer melhorias nele, pois ele designa o seu tratamento com o dinheiro. Ganhando menos ou mais dinheiro, o que importa é seu fluxo de caixa, pois não sendo favorável vai continuar sendo desfavorável mesmo movimentando muito dinheiro. Basta criar um relatório com informações sobre toda a movimentação de dinheiro, especificando o dinheiro recebido e gasto, e se o gasto é um ativo ou um passivo.

A meta deve ser usar o dinheiro recebido para investir em ativos e acumulá-los. Utilizando a renda adquirida através dos ativos, você deve pagar seus gastos, e com o resto, reinvestir em ativos.

• Custos fixos e variáveis

As informações do dinheiro gasto em um fluxo de caixa são separados por custos fixos e variáveis. O custo fixo é aquele que está menos sujeito a variações, como aluguel, condomínio, internet, serviços de *streaming* etc. Já o custo variável é definido como um gasto que oscila de acordo com as atividades no dia a dia, como conta de água e energia, alimentação, transporte, lazer etc.

• Diversificação de riscos

Diversificação de risco é um método de gerenciamento de risco de uma carteira de investimentos. A ideia é distribuir os ativos entre diferentes setores, segmentos e categorias, assim, caso uma área passe por uma crise, outra poderá compensar e manter o equilíbrio financeiro.

• Inflação

A inflação é um termo da economia frequentemente utilizado para designar o aumento geral dos preços na sociedade. Ela representa o aumento do custo de vida para o consumidor e para as empresas, resultante da elevação do preço dos produtos, da desvalorização da moeda e também o aumento de salário. A inflação torna-se prejudicial para a sociedade somente quando o seu nível aumenta em níveis muito altos e em uma velocidade grande, pois os reajustes salariais levam mais tempo para acontecerem, o que diminui o poder de compra do consumidor.

• Juros simples e juros compostos

Juros é uma remuneração mensal paga quando se empresta o dinheiro de uma pessoa ou banco. Seria como um aluguel do dinheiro emprestado, usado para pagar o valor do dinheiro no tempo. Eles geralmente são representados por meio de uma taxa percentual do valor emprestado.

A diferença entre os juros simples e os juros compostos é a maneira como são calculados. Nos juros simples, o percentual é sempre contado sobre o valor inicial. Nos juros compostos, é sempre sobre o valor anterior, ou seja, vai-se somando o valor inicial com os juros e então os juros são cada vez mais elevados. Esse tipo de juros acaba criando um valor muito mais expressivo.

A taxa Selic é a taxa básica de juros, que serve como referência para todos os agentes financeiros que emprestam dinheiro no mercado.

16

Pratique o minimalismo

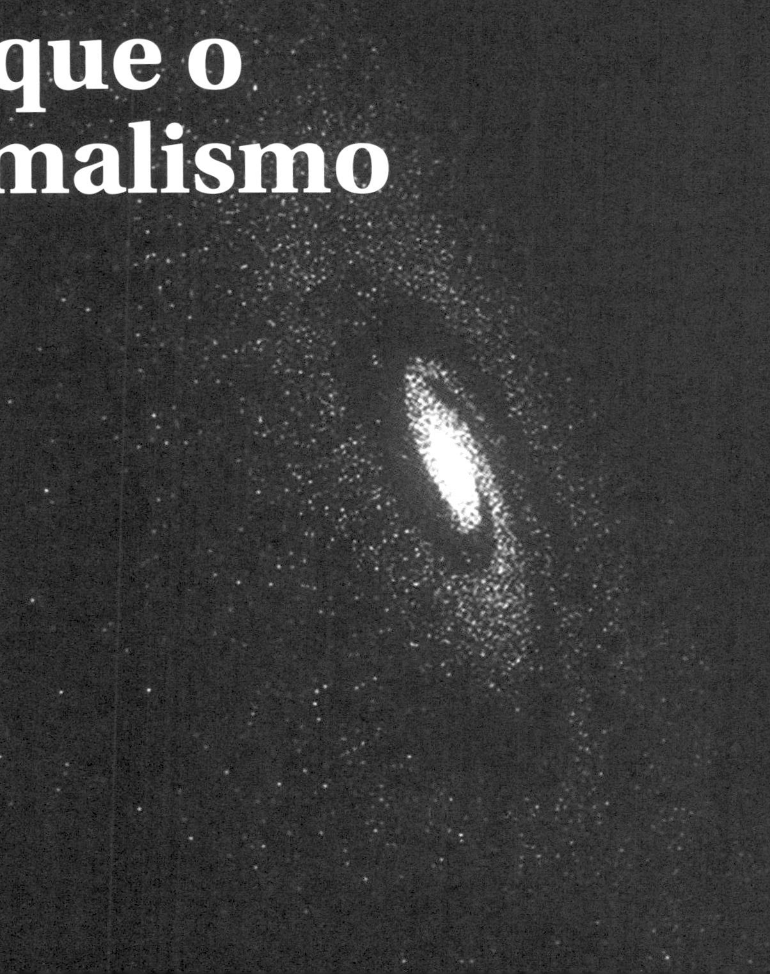

Simplifique sua vida eliminando os excessos e mantendo apenas as coisas que geram valor, podendo assim dar mais valor e atenção para essas coisas.

O digital e a evolução da tecnologia nos incentivam muito a consumir, e na maioria das vezes, coisas que não precisamos.

A cada dia temos mais e mais opções de produtos, cada vez melhores e mais inovadores, que geram muito interesse nas pessoas e a necessidade de "não ficar para trás". Chamamos esse sentimento de obsolescência psicológica. Uma técnica para criar esse sentimento é lançar sempre produtos novos, para que você se sinta obsoleto com frequência.

Além disso, a tecnologia também aumenta o nosso acesso a coisas no mundo todo: podemos comprar coisas de qualquer lugar do planeta, a entrega também é mais rápida, e tudo isso facilita o nosso consumo e em grande parte o consumo não consciente.

O consumo tem uma grande relação com o emocional: 34% dos brasileiros fazem compras para aliviar o estresse e 47,7% para se sentirem bem. (SPC Brasil)

Existe uma cultura que vende a ideia de que felicidade é uma vida cheia de coisas, de conquistas materiais, então essa vira a meta da maioria das pessoas. Porém, essa não é a verdadeira felicidade. O minimalismo nos faz entender que a felicidade não é algo externo, que depende de coisas materiais ou circunstâncias externas, é uma questão interna.

Geralmente tentar basear a felicidade no externo nos faz ser menos felizes, pois gera mais dependência, apego e nos coloca em uma busca incessante por conquistas externas e materiais, e menos busca interna.

O minimalismo nos ajuda a ter um menor apego a coisas materiais, que é um dos apegos que mais fazem as pessoas sofrerem, além de diminuir o apego também a outras coisas da vida.

O minimalismo nos aproxima do propósito pois, para o minimalista, cada item em sua vida deve ter um papel e, lógico, cumpri-lo. Se alguma coisa em sua vida não tem um propósito ou não está o cumprindo, ela na verdade está atrapalhando. Mesmo sem "fazer" nada, fez você gastar dinheiro, está ocupando espaço etc.

O apego, não importa a quê, causa desconforto e sofrimento.

Além de mais propósito na vida, o minimalismo traz mais organização e praticidade, porque se você tem no seu dia a dia menos coisas no meio do seu caminho, distraindo e atrapalhando sua rotina, mais organização e praticidade você tem.

Também é ótimo para a criatividade, pois quando se tem menos itens, você arruma mais maneiras de se adaptar, usando a imaginação e a criatividade. Com menos roupas por exemplo, você aprende a fazer mais combinações. Minimalismo nos traz mais espaço fisico e mental, e a imaginação e a criatividade precisam de espaço.

É mais sustentabilidade também. Consumindo menos, produz-se menos, polui-se menos e se gera menos lixo. Para produzir uma calça jeans por exemplo, são necessários 10.850 litros de água. Para um celular (que grande parte das pessoas compram um novo a cada ano), 12.760 litros de água mais 18 metros quadrados de solo.

Uma maneira de começar a viver de forma mais consciente é um desafio de um mês eliminando itens a cada dia. É muito importante também garantir um fim consciente para essas coisas. Doe, pois assim você vai estar gerando valor na vida de outra pessoa e trazendo um propósito para essas coisas, ou recicle, dê outra função para o item, de forma que ele gere valor e tenha um propósito.

Menos é mais. Menos é mais abundância. É reconhecer as coisas mais importantes e dar o valor que elas merecem. É ter gratidão por cada coisa, por ela estar gerando valor para a sua vida, tendo o seu papel e cumprindo-o.

17

Pratique a gratidão

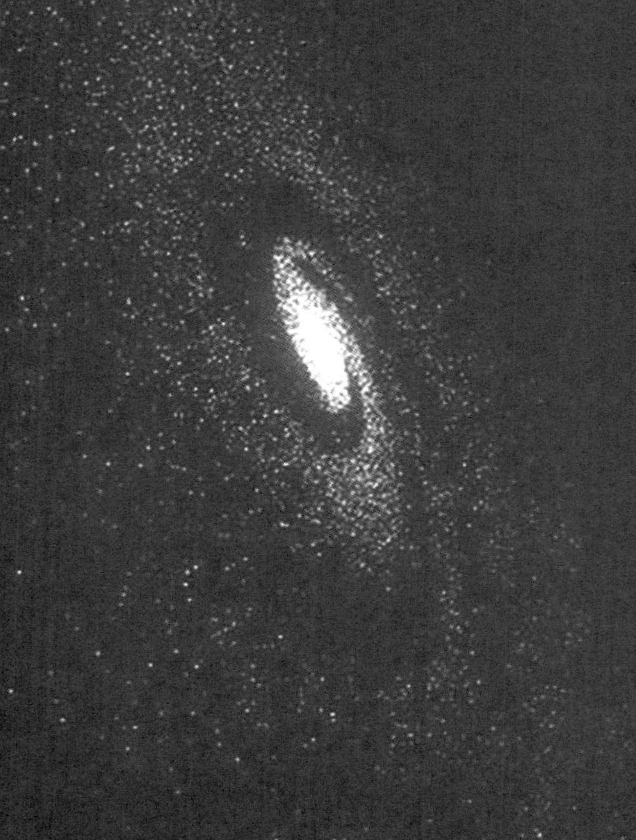

Uma chance entre 400 trilhões: isso é o quão raro é nascer, por isso viver deve ser o maior motivo de ser grato.

O psicólogo americano Abraham Maslow coordenou pesquisas voltadas à compreensão sobre o que é a gratidão e seus benefícios para nossa existência.

Nelas ele conseguiu concluir que a habilidade de sentir e expressar a gratidão representa um aspecto vital para a saúde emocional e mental dos indivíduos. Por meio de seus estudos, ficou provado que é **através da gratidão que adquirimos a felicidade, e não o contrário.**

A maioria das pessoas acredita que a gratidão é adquirida depois da felicidade, que por sua vez, é adquirida através do sucesso. Como eu já falei, muitas pessoas veem o sucesso como um destino, e geralmente, quando atingem esse destino, definem outro que então as fará ter sucesso, entrando em uma busca incessante e não atingindo o sucesso de fato. Como a maioria das pessoas acredita que primeiro vem o sucesso, depois a felicidade e depois a gratidão, por nunca atingir o sucesso, acaba nunca se sentindo feliz e então grato.

Eu acredito (e diversos estudos comprovam) que o caminho é inverso: em vez de o "sucesso" causar a felicidade, que por sua vez ocasiona a gratidão, **é a gratidão que causa a felicidade e, por consequência, o verdadeiro sucesso.** Não adianta ter conquistas mas não reconhecê-las e nem se sentir grato por elas, como acontece com a maioria das pessoas. Isso apenas as condiciona mais ainda a depender do futuro. A verdadeira felicidade está no agora, é adquirida através da gratidão, assim você será feliz e então terá o verdadeiro sucesso.

Sempre que reconhecemos acontecimentos, encontros, gestos, pequenas conquistas ou simples coisas que temos e queremos continuar tendo, nosso cérebro reage, aumentando o nível de dopamina, neurotransmissor responsável, entre outras funções, pela sensação de bem-estar, bom humor e prazer.

Os estudos de Robert Emmons, o maior especialista do mundo sobre a gratidão, concluíram que **não existe uma única área da vida que não melhore quando a praticamos.** Algumas das vantagens na qualidade de vida daqueles que desenvolvem a gratidão são o fortalecimento do sistema imunológico, o controle de depressão e estresse, mais entusiasmo, energia, otimismo e felicidade, sono de maior qualidade, despertar mais agradável e com maior disposição, diminuição da pressão arterial, vida social mais ativa e prazerosa, menor apego a emoções tóxicas, como rancores, ressentimentos, desilusões, medo e inveja, entre outros.

A gratidão nos faz viver mais o presente. Falarei mais sobre isso no próximo (e último) hábito: "Hábito 18: Viva o presente". O hábito de praticar a gratidão e de viver o presente estão ligados. Começar a praticar um deles nos faz automaticamente praticar o outro.

"O homem sábio é aquele que não se entristece com as coisas que não tem, mas rejubila com as que tem." Epiteto

Entre ganhar dinheiro e perder dinheiro, o que pesa muito mais para nós é perder. Não damos tanto valor para as coisas positivas quanto damos para as negativas, isso se tornou natural. **Quando coisas negativas acontecem, nosso cérebro responde com um número muito maior de estímulos e reações.** Se o nosso dia está correndo bem, mas uma coisa ruim acontece, nós deixamos que esse acontecimento domine tudo de bom que aconteceu, trazendo um sentimento de que o dia foi inteiro ruim. Com o hábito da gratidão percebemos que a balança deve pesar muito mais para a positividade, pois acontecem mais coisas positivas do que negativas e elas devem ter muito mais impacto e valor do que as negativas.

Tudo que você foca se expande.

Tudo é uma questão de perspectiva: se você tem um olhar negativo, as coisas negativas se tornam muito maiores, e coisas que nem são negativas aumentam de tamanho, trazendo mais negatividade ainda. O mesmo acontece com a positividade. Você pode escolher potencializar a positividade buscando se sentir grato. O foco expande não só em termos de perspectiva, mas literalmente expande. Acontecem na sua vida coisas com que você está alinhado através da sua vibração. A vibração da gratidão faz mais coisas positivas acontecerem, as quais vão fazer você se sentir ainda mais grato. Lembre-se de que o seu entorno é um espelho de você.

Como eu já citei, a negatividade muitas vezes funciona como um "preenchedor de espaço" em nossa mente, então quanto mais positividade em nosso dia, quanto mais gratidão sentimos, menos espaço deixamos livre para a negatividade.

"Quando a vida for doce, agradeça e comemore. Quando for amarga, agradeça e cresça." Shauna Niequist

Muitas vezes deixamos de sentir gratidão ou a real gratidão pela comparação, tanto negativa quanto positiva. Você deve se sentir grato não se comparando com pessoas que vivem uma vida pior ou melhor, mas simplesmente por ser você.

A real gratidão não vem de comparações.

Sinta-se grato pela vida. Independentemente das circunstâncias, **a vida é um milagre, e por esse motivo viver já deve ser o maior motivo para sentir gratidão todos os dias.**

Mas sinta mais gratidão ainda pelas circunstâncias. É apenas aceitando as circunstâncias, através da gratidão, por mais difíceis que elas sejam, que podemos muda-las ou lidar com elas da melhor forma. Agradeça pelos seus sentidos, por falar, ouvir, ver, por poder sentir os sentimentos, comunicar-se, aprender, criar, imaginar e ter um Infinito Eu dentro de você.

Pratique a gratidão durante todos os seus dias e você verá sua vida mudar como magia.

18

Viva o presente

"Os homens perdem a saúde para juntar dinheiro, depois perdem o dinheiro para recuperar a saúde. E por pensarem ansiosamente no futuro esquecem do presente de forma que acabam por não viver nem no presente nem no futuro. E vivem como se nunca fossem morrer... e morrem como se nunca tivessem vivido." Jim Brown

Este é o último hábito do livro, e também o mais importante e poderoso.

Nós passamos grande parte de nossas vidas "vivendo" no passado ou no futuro, e não onde a vida acontece de fato — no presente. Diante da realidade tão volátil, abundante em informações e transformações que vivemos, torna-se ainda mais difícil nos conectarmos plenamente ao presente.

Os nossos pensamentos sobre o passado e o futuro têm um enorme papel em deixarmos muitas vezes de viver o presente. **Não temos como viver o passado ou futuro, temos apenas como pensar neles** pois a vida está no presente — ou seja, durante a maior parte do tempo não estamos de fato vivendo, estamos pensando. Por gastarmos o presente para pensar no passado ou no futuro, acabamos não vivendo nem o passado, nem o presente e nem o futuro, o que causa um enorme desperdício de vida. Por isso o segredo da vida é se conectar ao presente, pois é nele que ela de fato acontece.

É impossível não pensar no passado ou no futuro, pois de certa forma, o presente depende deles, é por isso que ele é como é e decidimos agir de certa forma nele. Mas mesmo sendo inspirado no passado e no futuro, o presente deve ser vivido plenamente: devemos dar nosso melhor, agir com presença e nos sentir gratos no agora, e assim estaremos de fato fazendo algo pelo passado e pelo futuro e não apenas pensando neles.

Se parássemos para reparar, veríamos que **a maioria dos pensamentos em relação ao passado ou futuro não tem realmente fundamento e é muito repetitiva**. Muitas vezes, mesmo com a intenção de gerar uma ação, de realizar algo no presente, esses pensamentos acabam nos levando a nenhum lugar. Apenas nos leva, muitas vezes, a uma teia de pensamentos, em que quanto mais pensamos mais queremos pensar — mesmo que não tenham fundamento.

A mente é condicionada a nos levar a essa teia de pensamento, que pode ser acessada apenas através de pensamentos sobre o passado ou futuro. Ela não pode ser acessada através da presença. Separar a

Durante a maior parte da vida das pessoas, elas não estão vivendo, estão pensando.

mente de você pode ser bom, pois dessa maneira você se coloca em uma posição de análise, de forma que você possa se atentar melhor aos seus pensamentos e às peças que a mente nos prega.

Viver o presente é sobre realizar cada atividade com presença e apreciação, dando nosso melhor.

É apenas se conectando ao presente em uma atividade que você consegue dar seu melhor, explorar seu potencial.

Realizando nossas atividades com presença e apreciação vivemos uma vida muito menos automática, como tendemos a fazer na maior parte do tempo.

Viver o presente é sobre aceita-lo e todas as suas circunstâncias para assim vivê-lo. Na maior parte do tempo, em vez de lidar e absorver o melhor das situações, não as aceitamos, questionamos e tentamos justificá-las, mas isso gera apenas mais infelicidade. Já falei do caso das emoções, que na maioria das vezes duram a quantidade de tempo que duram e gastam a quantidade de energia que gastam não por elas propriamente ditas, mas pela falta da nossa aceitação — mas isso apenas as mantêm em nosso corpo. Deveríamos senti-las plenamente e deixar que elas passem e fluam, o mesmo com as circunstâncias da vida. É apenas aceitando as circunstâncias que você vai conseguir lidar com elas da melhor forma.

O que nos faz aceitar melhor o presente, independentemente das circunstâncias, é a gratidão. Exercitar a gratidão nos faz aceitar e até mesmo agradecer por circunstâncias negativas, pois sabemos que elas nos possibilitam evoluir e sentir maior realização pelas nossas conquistas. Essa aceitação e gratidão pelas circunstâncias nos fazem lidar da melhor forma com elas.

Além de nos fazer aceitar melhor o presente, a gratidão também nos faz vivê-lo. É necessária a presença para reparar e reconhecer coisas "simples" e seu valor, e agradecer por elas.

Para nos sentirmos gratos é necessário nos conectarmos ao presente, por isso quanto mais gratos somos, mais presentes estamos.

Viver o presente também é viver com mais flow (fluxo). Quando vivemos com mais flow vivemos com menos expectativas e definições. Por mais que criar expectativas e definições (como metas, por exemplo) nos motive e nos faça ser mais conscientes do que queremos, isso também nos limita. **Quando temos certa expectativa, definição e desejo e não nos permitimos sair do desejado, não permitimos que algo melhor aconteça.** O segredo é encontrar o equilíbrio entre o flow e o controle.

Pequenas questões do dia a dia que nos desconectam do nosso centro, causam estresse, ansiedade e medo são muito irrelevantes quando pensamos em quão abundante é o universo e nós mesmos!

A vida está no agora. Pelo presente você se conecta a uma consciência e fonte maior, que abastece, preenche e guia você, o Infinito Eu. A maior descoberta é aprender isso na prática, e esse livro é o sinal para essa descoberta. Abrace esse sinal e comece a explorar seu Infinito Potencial.

Você recebeu a chance entre 400 trilhões de nascer para explorar seu potencial ao máximo que conseguir. **Não existe nada mais raro, "impossível" e milagroso do que nascer. Honre esse milagre que é a vida e faça ela ser a melhor possível, com o máximo**

de significado, consciência, intensidade e impacto. Isso está em você explorar seu *Infinito Eu*.

Crie bons hábitos, aprenda a aprender, defina metas, tenha uma boa gestão do tempo, dê o seu "melhor", pratique a respiração consciente, exercite a criatividade, aprenda um pouco sobre tudo, corra riscos, dedique-se a habilidades artísticas, desenvolva uma boa comunicação, tenha cautela nos seus pensamentos, faça afirmações e visualizações, selecione as pessoas a seu redor, eduque-se financeiramente, pratique o minimalismo, pratique a gratidão e viva o presente.

REFERÊNCIAS

A importância de controlar os pensamentos negativos. Disponível em: http://www.filosofiadobonsai.com.br/a-importancia-de-controlar-os-pensamentos-negativos/. Acesso em: 24 abr. 2022.

ANSIEDADE OU depressão afetam 4 a cada 10 brasileiros na pandemia. EcoDebate, 29 set. 2021. Disponível em: https://www.ecodebate.com.br/2021/09/29/ansiedade-ou-depressao-afetam-4-em-cada-10-brasileiros-na-pandemia/. Acesso em: 23 abr. 2022.

Creativity is an odd thing, Disponível em: https://medium.com/@ryphil/creativity-is-an-odd-thing-bb609127752a. Acesso em: 24 abr. 2022.

CUPONATION. Tempo gasto nas mídias sociais 2021. Disponível em: https://www.cuponation.com.br/insights/temponasmidias-2021. Acesso em: 23 abr. 2022.

DURANT, Will. The Story of Philosophy: The Lives and Opinions of the Greater Philosophers. New York: Simon and Schuster, 1926.

DALY, M.; ROBINSON, E. Depression and anxiety during COVID-19. The Lancet, v. 399, n. 10324, Feb. 2022. Disponível em: https://www.thelancet.com/journals/lancet/article/PIIS0140-6736(22)00187-8/fulltext. Acesso em: 23 abr. 2022.

FREY, C. B.; OSBORNE, M. The Future of Employment. The Oxford Martin Programme on Technology and Employment. Oxford: University of Oxford, 2013. Disponível em: https://www.oxfordmartin.ox.ac.uk/downloads/academic/future-of-employment.pdf. Acesso em: 23 abr. 2022.

GLEASON, M. M.; THOMPSON, L. A. Depression and Anxiety Disorder in Children and Adolescents. JAMA Pediatrics Patients Page, 28 Mar. 2022. Disponível em: https://jamanetwork.com/journals/jamapediatrics/fullarticle/2790367?resultClick=1. Acesso em: 23 abr. 2022.

HILL, Napoleon. Mais esperto que o diabo: o mistério revelado da liberdade e do sucesso. Porto Alegre: CDG, 2014, p.58.

INSTITUTE FOR THE FUTURE – IFTF; DELL TECHNOLOGIES. Future of Work: Forecasting Emerging Technologies' Impact on Work in the Next Era of Human-Machine Partnerships. IFTF; Dell Technologies: [s.l.], 2019. Disponível em: https://www.iftf.org/fileadmin/user_upload/images/ourwork/Tech_Horizons/realizing_2030_future_of_work_report_dell_technologies.pdf. Acesso em: 23 abr. 2022.

KAIMAL, G.; RAY, K.; MUNIZ, J. Reduction of Cortisol Levels and Participants' Responses Following Art Making. Journal of the American Art Therapy Association, v. 33, n. 2, 2016. Disponível em: https://www.tandfonline.com/doi/full/10.1080/07421656.2016.1166832. Acesso em: 23 abr. 2022.

KIYOSAKI, Robert T. Pai rico, pai pobre - o que os ricos ensinam a seus filhos sobre dinheiro; tradução Maria Monteiro. Rio de Janeiro: Elsevier, 2011, p. 30.

KLAPPER, L.; LUSARDI, A.; VAN OUDHEUSDEN, P. Financial Literary Around the World: Insights from The Standard & Poor's Ratings Services Global Financial Literacy Survey. [S. l.]: FinLit, 2014. Disponível em: https://gflec.org/wp-content/uploads/2015/11/Finlit_paper_16_F2_singles.pdf. Acesso em: 24 abr. 2022.

LEONHARD, G. Tecnologia versus Humanidade: O confronto futuro entre a Máquina e o Homem. Zürich: The Futures Agency GmbH, 2019. p. XX.

MCGUIRK, L., Kuppens, P., Kingston, R., & Bastian, B. (2018). Does a culture of happiness increase rumination over failure? Emotion, 18(5), Disponível em: https://doi.org/10.1037/emo0000322. Acesso: 22 abr. 2022.

POÉTICA. Aristóteles. Coleção Os Pensadores. São Paulo: Nova Cultural, 1991.

SÊNECA. Sobre a brevidade da vida/Sobre a firmeza do sábio. São Paulo: Penguin; Companhia das Letras, 2017. p. 07.

SERVIÇO DE PROTEÇÃO AO CRÉDITO - SPC. 36% dos consumidores fazem compras para aliviar o estresse, aponta pesquisa do SPC Brasil. Disponível em: https://www.spcbrasil.org.br/uploads/st_imprensa/release_compras_impulso_sentimentos_janeiro_2016_v6.pdf. Acesso em: 24 abr. 2022.

TOFFLER, A. A terceira onda. Rio de Janeiro: Record, 1980.

www.editorainverso.com.br
facebook.com/editorainverso
@editorainverso
(+55 41) 3254-1616 e 3538-8001
(+55 41) 99798-7623